近代政治史系列

辛亥革命史话

A Brief History of
the 1911 Revolution of China

张海鹏　邓红洲 / 著

社会科学文献出版社
SOCIAL SCIENCES ACADEMIC PRESS (CHINA)

图书在版编目（CIP）数据

辛亥革命史话/张海鹏，邓红洲著．—北京：社会科学文献出版社，2011.5
（中国史话）
ISBN 978 - 7 - 5097 - 1946 - 6

Ⅰ.①辛… Ⅱ.①张… ②邓… Ⅲ.①辛亥革命 - 史料 Ⅳ.①K257.06

中国版本图书馆 CIP 数据核字（2011）第 075989 号

"十二五"国家重点出版规划项目

中国史话·近代政治史系列

辛亥革命史话

著　　者／张海鹏　邓红洲

出 版 人／谢寿光
总 编 辑／邹东涛
出 版 者／社会科学文献出版社
地　　址／北京市西城区北三环中路甲29号院3号楼华龙大厦
邮政编码／100029

责任部门／人文科学图书事业部 （010）59367215
电子信箱／renwen@ssap.cn
责任编辑／赵　薇
责任校对／黄　芬
责任印制／郭　妍　岳　阳
总 经 销／社会科学文献出版社发行部
　　　　　（010）59367081　59367089
读者服务／读者服务中心 （010）59367028

印　　装／北京画中画印刷有限公司
开　　本／889mm×1194mm　1/32　印张／5.75
版　　次／2011年5月第1版　　字数／107千字
印　　次／2011年5月第1次印刷
书　　号／ISBN 978 - 7 - 5097 - 1946 - 6
定　　价／15.00元

本书如有破损、缺页、装订错误，请与本社读者服务中心联系更换
版权所有　翻印必究

《中国史话》编辑委员会

主　　任　陈奎元

副 主 任　武　寅

委　　员　(以姓氏笔画为序)
　　　　　　卜宪群　王　巍　刘庆柱
　　　　　　步　平　张顺洪　张海鹏
　　　　　　陈祖武　陈高华　林甘泉
　　　　　　耿云志　廖学盛

总　序

　　中国是一个有着悠久文化历史的古老国度，从传说中的三皇五帝到中华人民共和国的建立，生活在这片土地上的人们从来都没有停止过探寻、创造的脚步。长沙马王堆出土的轻若烟雾、薄如蝉翼的素纱衣向世人昭示着古人在丝绸纺织、制作方面所达到的高度；敦煌莫高窟近五百个洞窟中的两千多尊彩塑雕像和大量的彩绘壁画又向世人显示了古人在雕塑和绘画方面所取得的成绩；还有青铜器、唐三彩、园林建筑、宫殿建筑，以及书法、诗歌、茶道、中医等物质与非物质文化遗产，它们无不向世人展示了中华五千年文化的灿烂与辉煌，展示了中国这一古老国度的魅力与绚烂。这是一份宝贵的遗产，值得我们每一位炎黄子孙珍视。

　　历史不会永远眷顾任何一个民族或一个国家，当世界进入近代之时，曾经一千多年雄踞世界发展高峰的古老中国，从巅峰跌落。1840年鸦片战争的炮声打破了清帝国"天朝上国"的迷梦，从此中国沦为被列强宰割的羔羊。一个个不平等条约的签订，不仅使中国大量的白银外流,更使中国的领土一步步被列强侵占,国库亏空,民不聊生。东方古国曾经拥有的辉煌,也随着西方列强坚船利炮的袭击而烟消云散,中国一步步堕入了半殖民地的深渊。不甘屈服的中国人民也由此开始了救国救民、富国图强的抗争之路。从洋务运动到维新变法,从太平天国到辛亥革命,从五四运动到中国共产党领导的新民主主义革命,中国人民屡败屡战,终于认识到了"只有社会主义才能救中国,只有社会主义才能发展中国"这一道理。中国共产党领导中国人民推倒三座大山,建立了新中国,从此饱受屈辱与蹂躏的中国人民站起来了。古老的中国焕发出新的生机与活力,摆脱了任人宰割与欺侮的历史,屹立于世界民族之林。每一位中华儿女应当了解中华民族数千年的文明史,也应当牢记鸦片战争以来一百多年民族屈辱的历史。

当我们步入全球化大潮的21世纪,信息技术革命迅猛发展,地区之间的交流壁垒被互联网之类的新兴交流工具所打破,世界的多元性展示在世人面前。世界上任何一个区域都不可避免地存在着两种以上文化的交汇与碰撞,但不可否认的是,近些年来,随着市场经济的大潮,西方文化扑面而来,有些人唯西方为时尚,把民族的传统丢在一边。大批年轻人甚至比西方人还热衷于圣诞节、情人节与洋快餐,对我国各民族的重大节日以及中国历史的基本知识却茫然无知,这是中华民族实现复兴大业中的重大忧患。

中国之所以为中国,中华民族之所以历数千年而不分离,根基就在于五千年来一脉相传的中华文明。如果丢弃了千百年来一脉相承的文化,任凭外来文化随意浸染,很难设想13亿中国人到哪里去寻找民族向心力和凝聚力。在推进社会主义现代化、实现民族复兴的伟大事业中,大力弘扬优秀的中华民族文化和民族精神,弘扬中华文化的爱国主义传统和民族自尊意识,在建设中国特色社会主义的进程中,构建具有中国特色的文化价值体系,光大中华民族的优秀传统文化是一件任重而道远的事业。

当前,我国进入了经济体制深刻变革、社会结构深刻变动、利益格局深刻调整、思想观念深刻变化的新的历史时期。面对新的历史任务和来自各方的新挑战,全党和全国人民都需要学习和把握社会主义核心价值体系,进一步形成全社会共同的理想信念和道德规范,打牢全党全国各族人民团结奋斗的思想道德基础,形成全民族奋发向上的精神力量,这是我们建设社会主义和谐社会的思想保证。中国社会科学院作为国家社会科学研究的机构,有责任为此作出贡献。我们在编写出版《中华文明史话》与《百年中国史话》的基础上,组织院内外各研究领域的专家,融合近年来的最新研究,编辑出版大型历史知识系列丛书——《中国史话》,其目的就在于为广大人民群众尤其是青少年提供一套较为完整、准确地介绍中国历史和传统文化的普及类系列丛书,从而使生活在信息时代的人们尤其是青少年能够了解自己祖先的历史,在东西南北文化的交流中由知己到知彼,善于取人之长补己之短，在中国与世界各国愈来愈深的文化交融中，保持自己的本色与特色，将中华民族自强不息、厚德载物的精神永远发扬下去。

《中国史话》系列丛书首批计200种，每种10万字左右，主要从政治、经济、文化、军事、哲学、艺术、科技、饮食、服饰、交通、建筑等各个方面介绍了从古至今数千年来中华文明发展和变迁的历史。这些历史不仅展现了中华五千年文化的辉煌，展现了先民的智慧与创造精神，而且展现了中国人民的不屈与抗争精神。我们衷心地希望这套普及历史知识的丛书对广大人民群众进一步了解中华民族的优秀文化传统，增强民族自尊心和自豪感发挥应有的作用，鼓舞广大人民群众特别是新一代的劳动者和建设者在建设中国特色社会主义的道路上不断阔步前进，为我们祖国美好的未来贡献更大的力量。

陈奎元

2011年4月

⊙张海鹏

作者小传

张海鹏，1939年5月生。中国社会科学院近代史研究所研究员、中国社会科学院学部委员。编著有《中国近代史稿地图集》、《追求集——近代中国历史进程的探索》、《东厂论史录——中国近代史研究的评论与思考》、《张海鹏集》等，主编《武昌起义档案资料选编》、《中国近代史（1840~1949）》、《中葡关系史资料集》、《中国近代史论著目录（1979~2000）》、《中国近代通史》（十卷本）、《中国历史学30年》等，涉及辛亥革命的论文有《宝善里炸药爆发时间考实》、《湖北军政府"谋略处"考异》、《论黄兴对武昌首义的态度》等。

⊙邓红洲

作者小传

邓红洲，湖南石门人，1972年生，军事学博士，军事科学院战争理论和战略研究部第三研究室副主任，副研究员，上校军衔，硕士生导师。从事军事战略研究，近年来先后参与完成30多项重大课题，参与完成《国家安全战略论》、《战后局部战争史》、《跨越——从机械化战争走向信息化战争》等著作，发表论文20多篇。2008年荣获"全军优秀青年标兵"称号，2009年遴选为"军队高层次科技创新人才培养对象"。

目 录

一 辛亥革命要革什么人的命 ………………………… 1

二 辛亥革命前的中国形势 …………………………… 6
  1. 帝国主义的"保全中国"政策 …………………… 6
  2. 清政府以"新政"谋求自存 …………………… 10
  3. 民族资本主义的初步发展 ……………………… 17
  4. 人民群众自发的反抗斗争 ……………………… 24

三 辛亥革命的推动力 ………………………………… 28
  1. 兴中会的成立与保皇派的活动 ………………… 28
  2. 同盟会举起推翻清王朝的旗帜 ………………… 35
  3. 反清宣传运动 …………………………………… 46
  4. 从反美运动、收回利权运动到国会
     请愿运动 ………………………………………… 51

四 有组织的反清武装起义的发动 …………………… 58
  1. 同盟会领导的武装起义 ………………………… 58
  2. 光复会领导的武装起义 ………………………… 64

1

3. 广州新军起义与黄花岗起义 …………… 67
   4. 革命党人的暗杀活动 ………………… 75

五 保路运动和武昌首义 ……………………… 78
   1. 清政府铁路政策的转变 ……………… 78
   2. 保路运动的勃发 ……………………… 81
   3. 武昌首义的成功 ……………………… 86
   4. 各省独立的实现 ……………………… 104

六 南京临时政府和北京临时政府 …………… 115
   1. 中华民国宣告诞生 …………………… 115
   2. 南京临时政府的施政方针 …………… 122
   3. 南北和议与清廷解体 ………………… 127
   4. 《临时约法》的制定 ………………… 138
   5. 政府北迁与政权性质的改变 ………… 143

七 辛亥革命的成功与失败 …………………… 150

八 辛亥革命的伟大历史意义：纪念与评价 …… 156

参考书目 ………………………………………… 162

再版后记 ………………………………………… 163

一　辛亥革命要革什么人的命

1840年爆发的鸦片战争,拉开了中国近代历史的帷幕,资本主义—帝国主义的侵略势力和国内的封建专制势力从此一步步交织起来,阻碍着中国社会的进步。与此同时,中国人民为了摆脱严重的民族危机,使中国繁荣昌盛起来,进行了艰苦不懈的斗争。但是到了19世纪末20世纪初,帝国主义同中华民族的矛盾、封建主义同人民大众的矛盾,不仅没有得到解决,反而更加激化了。戊戌维新运动的失败,表明民族资产阶级上层所发动的改良运动不能救中国;义和团运动的失败,标志着旧式的农民革命运动也不能使中国避免落后就要挨打的历史命运。时势的演进,迅速把民族资产阶级的中下层推到了政治运动的前沿,以孙中山为代表的资产阶级革命派举起了反帝反封建的资产阶级民主革命的大旗。《辛丑条约》签订后,清朝统治者完全投靠了帝国主义,充当了列强奴役中国的驯顺工具,因而清朝统治者也就成为这场革命的靶子,反帝反封建的意义集中反映在"革命排满"的活动中。

　　清朝是中国封建社会的最后一个王朝，它的建立者满族是东北地区的一支少数民族，在明末迅速壮大起来，并利用明王朝被推翻而农民起义军立足未稳的有利时机，夺取并牢固掌握了中央政权。清初，满族的统治者抛弃了他们原来落后的奴隶制，承袭了明朝的封建制度。康熙、乾隆年间，出现了一段时期的盛世景象，社会经济有所发展，有效地抵御了外部的侵略势力。乾隆以后，清朝便一步步地走上了下坡路，渐渐显露出衰败的迹象。它的吏治和军队一天天腐败，财政也逐渐紧张。农民由于生活条件恶化，掀起了大大小小的起义，嘉庆年间的白莲教起义、天理教起义、回民起义，均极大地撼动了清王朝的统治。道光年间一位敏感的诗人龚自珍已觉察到了衰世的氛围，他预言"山中之民，有大音声起"，意思是说社会底层的反抗运动，将如暴风骤雨般来临。

　　正当清朝国势江河日下的时候，西方的英、法、美等资本主义国家的实力却在迅猛发展。到19世纪三四十年代，英国完成了工业革命，成为世界上最强盛的资本主义国家，法、美等国的工业革命也逐渐进入高潮。工业生产的发展，一方面给它们带来了繁荣，一方面也带来了经济和政治的危机。它们急欲占领、扩张殖民地，掠夺原料、财富，推销商品，转嫁危机。19世纪前半期，它们的势力已扩张至中国附近，如印度、缅甸、阿富汗、新加坡等，富饶而又落后的中国成为它们的下一个目标。1840～1842年的鸦片战争，英国用大炮敲开了中国的大门,迫使清朝统治者与之签订了不平等的《南京条约》,从此,中国逐渐丧失了独立自主的地位。

清朝统治者长期执行闭关锁国的政策,做着天朝大国的迷梦。对于西方资本主义势力的入侵,他们毫无准备,开始时是蔑视,把新的侵略者等同于中国历史上的所谓"夷";经过战争的接触,才发觉自己不是对手。西方的入侵,不仅给中华民族带来了灾难,也损害了清朝统治者的既得权益,因此,清朝统治者和侵略势力的勾结经历了一个过程:从抵抗到妥协,从妥协到有条件的合作,从有条件的合作到完全的投靠。第一次鸦片战争、第二次鸦片战争、中法战争、中日甲午战争、八国联军入侵,每一次战争,不论清朝在战争中胜利还是失败,最后都签订了卖国的和约,把中国拖向半殖民地的深渊。为什么会这样?因为清朝统治者感到它受到了来自外部侵略者和国内人民反抗力量两方面的威胁,但几经接触,尤其是第二次鸦片战争以后,清朝统治者发现列强对它的最高统治地位并不感兴趣,于是放心了,开始放手对付国内人民的反抗,甚至还借助列强的武力去屠杀国内的人民。

1860年咸丰帝在热河病死,他的宠妃叶赫那拉氏(即后来的慈禧太后)通过一场宫廷政变,执掌了清朝的实权。她和在镇压太平天国运动中崛起的湘、淮系首领,开始执行"借师助剿"的政策,这也成为清朝对外政策的转折点。

新崛起的湘、淮系首领曾国藩、李鸿章、左宗棠等感受到中国正经历"五千年未有之变局",他们发起了一场以"中体西用"为宗旨,以"富国强兵"为目的的洋务运动,兴办了一些军工企业和民用企业。这场运动对中国资本主义的产生和发展客观上是有些益处的,但它根本上是封建地主阶级的自救努力,既不能改变清王朝的封建专制,也不能真正富国强兵。在中日甲午战争中,湘、淮军及北洋水师都未能抵御住日本的侵略。

甲午战败及接踵而来的瓜分狂潮,震醒了中国人民。以康有为、梁启超为代表的民族资产阶级上层取得了年轻皇帝光绪的支持,于1898年发动了一场温和的自上而下的资产阶级改良运动,但他们的行动威胁到了以慈禧太后为代表的后党的权益,慈禧于是扼杀了这场运动。康、梁被迫流亡海外,谭嗣同等其他六人被砍了头,光绪也被囚禁在瀛台。

差不多与此同时,京城周围地区义和团运动蓬勃发展,他们打出了"扶清灭洋"的旗号,天真地以为清朝统治者能和他们一起抵御外侮。慈禧太后利用义和团的势力打击了一下传闻要她"归政"的列强,但是不久她就翻过脸来会同列强剿杀了义和团。自此以后,清朝统治者完全投入了列强的怀抱,慈禧太后对列强最终没有剥夺她的权位感激涕零,表示要"量中华之物力,结与国之欢心",还说什么"宁赠友邦,不予家奴",这是何等奴颜婢膝!

清朝统治者拒绝了资产阶级改良派改革政治的主张,放弃了与人民群众一起抵御外侮的机会,将自己置身于卖国与专制的旋涡中,因此,在19世纪末20世纪初崛起的资产阶级革命派就要革它的命了。

毛泽东说:"辛亥革命就是要革帝国主义的命。"资产阶级革命派把血与火铸成的剑指向清廷,实质上也是对帝国主义的打击,因为帝国主义列强是清廷的主子,清廷是"洋人的朝廷"。

二 辛亥革命前的中国形势

1 帝国主义的"保全中国"政策

帝国主义列强在与清政府订立《辛丑条约》后，调整了它们的对华政策，不再叫嚣"瓜分中国"，而是抛出了一套"保全中国"的论调。1900年10月签订的《英德协定》中规定："不得利用现时之纷扰在中国获得任何领土利益，其政策应以维持中国领土不使变更为指归。"在1902年签订的英日同盟条约中，也有与此相似的内容。这种"保全中国"的原则，逐渐得到了其他列强的认同。

从"瓜分"到"保全"，并不表明帝国主义列强突发慈悲，相反，它们是想花更小的代价来更大限度地奴役和掠夺中国。汹涌澎湃的义和团运动，让它们清楚地看到了蕴藏在中国人民群众中的爱国热忱和反抗精神。八国联军的统帅瓦德西在他的日记中写道："中国领土之内……共有人口四万万，均系属于一个种族，并且不以宗教信仰相异而分裂，更有'神明华胄'之自尊思想充满脑中……吾人对于中国群众,不能视为已成衰弱或已失德性之人,彼等在实际上,尚含有无限蓬勃生气,更加以备具出人意外之勤俭巧慧诸性……"来自中国社会底层的巨大力量,使列强感到,它们瓜分中国的计划,只是不切实际的痴梦。瓦德西说得很明白:"无论欧美、日本各国,皆无此脑力与兵力可以统治此天下生灵四分之一","故瓜分一事,实为下策"。

与人民群众相反,以慈禧太后为核心的清朝统治者则心甘情愿地做了列强的奴才。列强表示不把慈禧列为应受惩办的祸首,不割占土地,使慈禧感激涕零,毫无保留地批准了《议和大纲》,并表示:"念列邦之见谅,疾愚暴之无知,事后追思,惭愤交集。"《辛丑条约》是清朝统治者卖国媚敌的"巅峰之作",清廷从此沦为"洋人的朝廷"。帝国主义列强既然有清政府这样一个驯顺的工具来执行他们的命令,乐得坐收实利,也不必去忙于瓜分中国了。

实际上,帝国主义列强抛弃瓜分中国的政策,还有来自它们内部的原因。经过19世纪末划分势力范围的狂潮,各列强在华或大或小地谋得了一席地盘,它们之间暂时达成了默契。若要继续瓜分,势必打破各列强间的利益平衡,从而导致它们之间的争夺,甚至要爆发战争,这种情况是它们不愿意看到的。即便如此,还是发生了争夺中国东北地区的日俄战争(1904~1905),以及英国为了抗衡俄国对西藏的控制,于1903年、1904年发动了侵略西藏的军事行动,想在西藏地区分一杯羹。这两次战争结束后，至1907年，日法、日俄、英俄等协定陆续订立，所谓"保全中国"的政策也就稳固下来。

在"保全中国"的幌子下，帝国主义列强对中国的侵略和奴役有增无已。在20世纪的最初10年里，清王朝的朝政时常受到列强的摆布，而最严重的是国家的经济命脉几乎完全操纵于列强之手。

大规模掠夺殖民地半殖民地国家的铁路修筑权，是列强输出"过剩"资本与经济扩张的重要手段。1901~1908年，列强在华掀起了重新分割路权的斗争，如南满铁路的控制权从俄国人手里转到日本人手里，京汉铁路的投资原来由比利时牵头，现在则改由英、法操办。同时根据已订的诸条约，列强继续修筑未完工或未开工的铁路，截至1911年，在中国完工的9600公里铁路中，列强直接或间接控制了其中的93%强。铁路本是一个国家推进近代化的主要手段之一，但中国在这一时期修筑的铁路，却成了列强手中最方便的工具，铁路延伸到哪里，它们的势力就扩张到哪里。

矿权的丧失，在这一时期也是令人触目惊心的。列强以各种形式攫夺中国的矿权。一是援引德国在胶东谋取铁路附近矿权的先例，日本夺占了抚顺、烟台煤矿，俄国夺占了东清铁路沿线的几个煤矿等。二是通过所谓合办的名义，来取得实际的支配权。由于清王朝财政匮乏，根本拿不出钱，合办也就成了列强独办，安徽、直隶和山西的部分矿权就是这样丧失的。三是直截了当地强迫清王朝出让矿权，如英国的福公司取得晋东南几个州县的采矿权,英法合资的隆兴公司取得滇东地区有色金属开采权,都是用的这种手段。

中国沿海和内河的航运业几乎也被列强完全控制。1902年,英国同清王朝签订了《中英续议通商行船条约》,美、日也在次年与清王朝订立了类似的条约,这样就扩大了各列强航运公司的特权。英、日、美、德、法等国都在华经营航运,其中尤以日本的日清轮船公司、英国的太古和怡和轮船公司实力最为雄厚,几乎控制了整个的长江航运,清政府自办的轮船招商局越来越无法与它们竞争,到1911年,招商局的船舶吨位大约仅占前述三家公司船舶吨位的1/6。就全国范围而言,1907年各通商口岸轮船总吨位中,外国轮船占有84%强的份额。

中日甲午战争后,帝国主义列强在华的工业投资逐渐扩大;1900年以后,增长速度也相当快,在纺织业、造船业、烟草业、机器采煤业等领域逐渐具备了垄断的实力。以造船业为例,1900年英国资本的耶松船厂吞并了祥生、和丰两厂,垄断了当时上海的造船业。据经济史专家统计,外资厂矿在华谋取了平均高达14%强的利润,其中最高值竟接近40%。

在投资工矿、运输业的同时,列强还以贷款形式,来谋取权益。高额的战争赔款,使本来已经很紧张的清王朝财政更加举步维艰,只能靠借外债度过危机。这些外债的特点是多附有苛刻的政治条件,而且利息极高。通过这些借款,列强不仅控制了清王朝的财政,而且加重了中国人民的负担,1902年以后,仅支付借款本息一项，每年就高达4000万两白银。

帝国主义列强一方面"保全"清朝统治者作为它们唯命是从的傀儡；一方面用"温和"的经济掠夺方式，来谋取在华的最大权益。它们以为靠这一套把戏能瞒过中国人民的耳目，从而避免遭受激烈的反抗。事实上，这只是它们的梦想，一股全新的革命力量已经逐渐积聚起来了。

清政府以"新政"谋求自存

在帝国主义列强调整对华政策的时候，以慈禧太后为核心的清朝统治者也酝酿起变法事宜来。1901年1月，流亡在西安的朝廷颁发了一纸上谕，表明了慈禧的变法决心。上谕中说："事穷则变，安危强弱全系于斯"，把变法提到了系乎存亡的高度。上谕还要求朝中百官、地方督抚及驻外使节就变法一事各抒己见，限期在两个月内提出意见，以便朝廷采择。4月21日，又成立了督办政务处，由庆亲王奕劻、大学士李鸿章和荣禄等负责，全盘筹划新政事宜。慈禧离开西安返回北京的前夕，又一次发布文告，强调变法自强是关系国家安危的命脉，重申朝廷变法立意坚定，志在必行。

朝廷唱起的变法调子，得到了几位重要督抚的回应。直隶总督袁世凯揣摩准了慈禧的心思，于1901年5月率先上了个奏折，陈述了10条有关变法的意见，涉及改革军备、财政、开通民智、派遣留学生等方面。同年7、8月，湖广总督张之洞、两江总督刘坤一联名上了三个奏折，系统地阐述他们对变法的见解，这就是有名的"江楚三折"。张、刘二人认为变法的第一步要从改革教育、培养新式人才做起，主张废除科举制度、广设新式文武学堂、奖励留学。他们列举了需要整顿的中法十二项，需要采用的西法十一项，主要包括裁汰旧军、编练新军、鼓励工商业、改革币制、派员出国考察、改造旧律等方面。他们的主张，很符合慈禧的心意，她表示要按照这几位督抚的条陈，随时设法，择要举办。

清王朝上上下下如此热心举办新政，多少有些异乎寻常。仅在**两年**前，慈禧太后扼杀了维新运动，如今却重弹变法的老调，是什么力量促使她来了个一百八十度的大转弯呢？鸦片战争以来，西方资本主义势力的入侵，一方面给中国带来了巨大的灾难，一方面也冲击了中国传统社会，造成了某种松动。无论在民间，还是在清朝统治集团内部，都有一部分人逐渐明白了学习西方、改革旧制度的重要性，这部分人的力量从小到大，其政治影响也愈来愈大。在清廷内部，从19世纪60年代起，就有洋务派和顽固派之分。慈禧太后在两派力量之间搞平衡，对于洋务派的活动，只要不超出"中体西用"的范围，她还是允许的。中日甲午战后的严重民族危机，唤醒了民族资产阶级上层的参政意识，以康有为、梁启超为代表兴起了维新运动。对于维新本身，慈禧太后并无多少恶感，只是光绪想借运动来谋取实权，于是维新成了帝党和后党权力之争的牺牲品，慈禧为了维护她的最高统治权，不惜把维新与帝党一同打倒了。

经过义和团运动的冲击和八国联军的入侵,本来已经千疮百孔的清王朝更加虚弱了,来自下层的反抗一天胜过一天,社会的中层对清廷也逐渐显得失去了信心。清朝统治者感受到了严重的危机,动不动就提到所谓"伏莽遍地",意指各地潜伏着起义的危机。显然,按照旧的方式已无法统治下去了,于是慈禧太后带头画起了变法的救命符。

变法的目的之一,是要博取列强的欢心和信任。义和团运动被镇压后,列强点名杀了一批著名的顽固派官员,而对义和团运动期间组织东南互保的洋务派督抚表示了赏识与信任。自此,顽固派的势力一蹶不振,慈禧太后也不再在两派间搞平衡了,而是单独倚重洋务派官僚,于是洋务派的那一套自然而然也就成了她的施政方针,与列强的关系也就更近了一些。帝国主义列强感到清朝的统治并不稳固,为了不让这个得心应手的工具垮台,它们也鼓动清廷着手改革。控制中国海关近半个世纪的英国人赫德向清廷提交了一份《更新节略》,为清王朝的变法设计了一套方案。

变法的另一个目的,就是为了消弭国内普遍的不满情绪,找到支持与信任,尤其是民族资产阶级上层的支持与信任。同时,通过变法增强实力,借以对付日益蓬勃的革命风潮。

从1901年至1905年,清廷颁布了不少关于推行"新政"的上谕,涉及面很广,但最核心的内容不外以下三个方面。

一是改革军制，裁汰旧军，编练新军。从1901年起，清廷屡次严令地方督抚裁撤旧式绿营、防勇，组建新式陆军。1903年12月，清廷成立了练兵处，由奕劻、袁世凯、铁良三人负责，主持全国的新军编练；在各省也设立了督练公所，负责该省的新军编练。清朝新军开始编练，是在甲午战后天津附近的小站进行的，后来由袁世凯主持小站练兵，北洋新建陆军由此发端。同一年，张之洞在暂署两江总督期间，聘德人为教官编练自强军，在回湖广总督任上时，他带了部分自强军回鄂，成为湖北新军的基础。新军的新，有三点：一是装备西式武器，按西法编制，按西法操练；二是新军的兵员要求高，规定年龄从16岁至22岁不等，身高四尺八寸以上，南方人酌减二寸，体质弱、有目疾暗疾的不收，有不良嗜好的、有犯罪记录的不收，而且对兵员的识字程度也有规定；三是新军的军官由毕业于军事学校的人担任。清廷在编练新军的同时，设立了不少武备、陆军学堂，并分批派遣青年出国学习军事。

1906年11月，清廷将兵部改为陆军部，并把练兵处并入，由铁良任尚书。次年8月，制定了全国编练陆军36镇（相当于师）的计划，而实际上由于财政匮乏、人才不足，至清朝灭亡前夕，仅编练成14个镇、18个协（相当于旅）、4个标（相当于团），外加一支禁卫军，共约16万人，其中以北洋六镇实力最强。

清廷编练新军的目的，是想靠新军来支撑其统治，但新军却朝统治者所希望的相反方向演变，很大一部分接受了革命思想的熏陶,后来成为革命的力量。

二是鼓励私人资本兴办工商业。1903年9月,清廷设立商部,由曾赴欧美和日本考察过的载振(奕劻之子)任尚书。这个部的权力很大,工矿业和铁路都由它管辖(1906年改称农工商部)。商部成立后,陆续制定了一些商律和奖励实业的办法,允许私人资本自由发展实业、鼓励组织商会团体。清廷鼓励私人资本开办工商业,一定程度上刺激了民族资本的发展,但这种对民族资产阶级的让步已经太迟了,此时外国资本已然在华形成垄断之势,民族资本无法与之竞争。而且清廷并没有交给民族资产阶级政治实权,只不过按照投资者投资实业份额的大小,赏与不同的官衔罢了,并没有切实保护民族资本的措施。

三是改革教育,逐步废除科举制度,着手培养新式人才。清朝沿袭前朝的科举制,把知识分子囿在四书五经的范围内,阻碍了科学文化的发展。时值近代,越来越多的人认识到科举制是造成中国落后的祸源之一,要求废科举,兴新学。从19世纪60年代到90年代,洋务派设立了一批专门性质的学校,以培养洋务人才。1895年,盛宣怀在天津创办西学学堂,1897年在上海创办南洋公学,这是新式普通学校的发端。戊戌维新时,康有为建议采用日本的办法,建立新的教育体制,但经过戊戌政变后,仅保留下来一个京师大学堂。到19世纪末,清朝还没有系统的新式学制。

1901年6月,张之洞和刘坤一联名上折,建议略改科举旧章,与学校教育并行,等到学校培养的人才多了,逐渐递减科举取士的名额,增加学校取士的名额。以后,张之洞、荣庆与张百熙又联名上了类似的奏折。1902年,清廷任命张百熙为管学大臣,同时扩建京师大学堂。张百熙草拟了大学、中学、小学及蒙学章程,由清廷以《钦定学堂章程》的名义颁发全国,但实际上并没有执行。1904年1月,清廷又颁布《奏定学堂章程》,把普通教育分为初等、中等、高等三段,与普通教育配套的还有师范、实业等方面的专门教育,这个学制基本上自成体系,被称为"癸卯学制",是清末民初学校教育的蓝本。1905年9月,张之洞、袁世凯联名上奏,建议废止科举。清廷诏准自1906年始废除,至此,延绵千余年的科举制寿终正寝了。在创办新学校、废除科举的同时,清廷还派遣青年和官员出洋留学或考察。1901年以后,留学生人数急增,到1906年,仅留日学生就超过万人。

　　清王朝举办"新政",其目的在于缓和民族矛盾和阶级矛盾,企求自强自存。但"新政"的宗旨,并没有突破"中体西用"的框框,早在1901年颁布的变法诏中就定下了这种基调:"盖不易者三纲五常,昭然如日月之照世;而可变者令甲令乙,不妨如琴瑟之改弦。"洋务运动的失败,昭示了封建主义的"体"和资本主义的"用"是根本不相容的,但清王朝的统治者仍然不肯放弃这一原则,这是注定要失败的。"新政"耗资亿万,加重了人民的负担,更引起人民的反抗,"新政"客观上助长了资产阶级力量的壮大,正是这两种因素合起来,加速了清王朝的灭亡。清王朝原来打算靠"新政"加固封建专制这所破屋子,却不料"新政"的重量超出了破屋子的支撑能力,让它更是摇摇欲坠。

说到"新政",还应当注意在举办"新政"过程中迅速崛起的袁世凯北洋集团。袁世凯(1859~1916),字慰廷,河南项城人,故又被人称作袁项城。袁世凯的叔祖父袁甲三是太平天国时期镇压捻军的清军统帅之一,曾官至漕运总督,袁氏一家也因此显赫起来。袁世凯年轻时乡试两次不中,就绝了靠读书取仕的念头,前往登州(烟台)投靠淮军统领吴长庆,吴系他嗣父的把兄弟,给了他一个营务处会办的差使。袁世凯后随吴入朝鲜,因处变有方,受到李鸿章的赏识,谋到了驻朝总理交涉通商事务一职。1894年中日甲午战争爆发,他设法让李鸿章把自己招回国内,避开了杀身之祸。回国后,他一面巴结权门,一面请人写了一部兵书,用自己的名字刊行,博得了"知兵"的虚名。同时由于他在朝鲜呆过一段时间,被一些人视为不可多得的外交人才。不久直隶总督王文韶派他接替小站练兵事务,袁世凯以此为基础,逐步建立起了听命于他的北洋新军。戊戌政变时,他帮助慈禧扼杀了维新,讨得这位最高统治者的欢心。义和团运动时,他不但参加了东南互保,还是屠杀义和团的元凶之一,博得了列强的信任。有此两项,加上纵横捭阖的官场权术,他得以平步青云。1901年11月,李鸿章病死,袁世凯接替他做了直隶总督兼北洋大臣,随后刘坤一、张之洞先后死去,袁世凯遂成为汉人中首屈一指的权臣。袁世凯把北洋六镇新军视为他的政治命根子，又先后吞并了原由盛宣怀控制的几家大公司，通过梁士诒把交通金融业控制起来。此外，由其长子袁克定控制开滦矿务总局，派周学熙等人创办了启新洋灰公司、北京自来水公司等企业。因此，袁世凯北洋集团的经济实力也坐大了。

袁世凯北洋集团成为清末统治阶级内部最有实力的军事政治集团，后来实际上充当了资产阶级革命派的主要对手。

3 民族资本主义的初步发展

19世纪中叶以后西方资本主义势力的侵入，打乱了中国社会发展的正常秩序。近代社会的急剧变动客观上为中国民族资本主义的产生和初步发展创造了环境，但这个环境是畸形的，因此它的产儿也明显的先天不足。正如马克思、恩格斯在《共产党宣言》中描述的那样：价值低廉的商品是西方资产阶级用来摧毁一切万里长城的重炮，"它迫使一切民族——如果它们不想灭亡的话——采用资产阶级的生产方式，它迫使它们在自己那里推行所谓文明，即变成资产者"。鸦片战争以后，尤其是19世纪60年代以后，列强凭借它们在华攫取的政治、经济特权，大力倾销它们的商品。据统计，1864年中国进口洋货价值约4600万两，到1894年增至16000多万两，增长了近3倍。西方商品如潮水般涌入，不仅窒息了明清以来中国封建社会内部缓慢滋长的资本主义萌芽,而且打破了中国传统的封建自然经济体系。

手工业,尤其是通商口岸周围地区的手工业,率先蒙受打击。以江南地区一向发达的手工棉纺织业为例,到19世纪八九十年代,曾经不可缺少的纺车被人们逐渐遗忘了,蒙上了厚厚的尘土,因为价廉物美的洋纱已经受到手工织布者的青睐,土纱遂遭淘汰。其他行业也先后经历了同样的命运,洋布、洋火、洋糖、洋铁、洋油……成为人们日常生活中不可缺少的商品。为了获得购买这些日用品的货币,中国农民逐渐改变了自给自足的生产方式,开始大量种植棉花、烟草、茶叶等经济作物,不自觉地卷入商品经济的体系中。这样一来,发展资本主义经济所需要的市场条件,也就有了基础。

另一方面,由于西方资本主义的侵略势力和本国封建势力的双重剥削和压迫,加快了手工业者和农民的破产速度,破产者涌入新兴的城市寻找生存的机会,如1895年上海人口为29万,三年后激增到58万多。破产农民和手工业者成了发展资本主义经济的必要劳动力。

中国封建社会的货币财富大多积聚在官僚、地主及商人手中,他们习惯上把大量的货币用在购置田产方面,近代企业的高额利润,也逐渐吸引了他们的兴趣,为他们手中的货币财富提供了新的、生产性的用途。另外,为西方资本主义经济服务的买办、海外华侨中的富有者,也愿意把他们的钱财投入到近代工商业中。由此看来，连发展资本主义经济的资本条件也具备了。

中国民族资本主义赖以产生和发展的环境好似万事俱备，实则不然。外国资本主义侵略势力和本国封建势力，是横亘在它发展道路上的两大障碍。由于中国民族资本主义很大程度上不是中国社会内部发展的产物，它在设备、技术乃至资金方面都离不开外国资本主义；而外国资本主义为了垄断中国市场，是不愿意看到一个竞争对手强大起来的。19世纪60年代以来，清朝统治集团中的洋务派创办了一批军工和民用企业，它的民用企业虽然含有资本主义的性质，但与封建势力是紧密相连的，享有种种特权，比如李鸿章在上海开办轮船招商局和机器织布局，都明确表示一个时期内不希望看到同类民用企业在周围地区出现。中国民族资本主义在两大障碍的夹缝中求生存，是艰难异常的，同时这种境况也决定了中国民族资产阶级的特点和性格。

第一家中国民族资本企业，是1872年侨商陈启源在广东南海县创办的继昌隆机器缫丝厂。从19世纪70年代至甲午战争前夕，民族资本企业共创办了一百多家，但经过一番起起落落也只有近80家生存下来。这些初创的民族资本企业，主要分布在缫丝、棉纺、面粉、火柴、造纸和印刷等行业，一般集中在几个主要通商口岸，规模比较小，资本谈不上雄厚，设备也较简陋。

甲午战后到第一次世界大战爆发前，大致在

1895～1913年这段时间里，中国民族资本主义经历了一个初步发展。1895～1898年出现了第一个创办企业的高潮，这是因为这一时期清廷对民间工商业的控制相对宽松一些，颁布了《振兴工艺给奖章程》；《马关条约》签订后，列强虽然取得了在华设厂的权利，但最初几年它们把主要精力集中到政治性贷款和争夺路矿两方面，这样使中国民族工业获得了一个发展的机会。1900年后几年内，民族资本企业的发展跌入低谷。1903年清廷设立商部，陆续制定了一些奖励工商业的章程，使民族资本家的地位有些提高。1904年日俄战争，使这两个国家暂时放松了对华的经济侵略。而1904～1905年的抵制美货运动，1905年以后一浪高过一浪的收回利权运动，不仅打击了列强在华的经济势力，而且唤起了自办企业的热潮，1904～1908年，又出现了新一轮创办企业的高潮。这一时期中国资本主义经济发展最显著的特征是民族资本企业的发展势头迅猛，商办企业无论在设厂数或资本额方面，都处于优势地位。据统计，1895～1911年中国新开设的企业共491个，其中商办厂矿达416家，这416家企业的资本占了这一阶段投资总额的77%。而这一时期纯粹官办企业仅37家，其资本只占投资总额的9%多一点。

产生和发展于半殖民地半封建社会条件下的中国民族资本主义，一方面受到帝国主义的压制和本国封建势力的束缚，一方面却又割不断同帝国主义、封建主义的丝丝缕缕联系。

19世纪末20世纪初，帝国主义逐渐控制了中国的经济命脉，控制了一切能够控制的原料产地和商品市场，严重威胁着中国民族资本主义的生存和发展。1895～1911年间，外资在华设厂120家，平均每家资本额达80多万元。而同一时期中国自办工厂的平均资本额只有22万元。以烟草业为例，创建于1902年的英美烟草公司在10年时间里，资本由10.5万元增至1100万元，是当时中国所有烟草公司资本总额的8倍。帝国主义在华的雄厚资本，大部分是在华巧取豪夺所得；它们只是造就了中国人民的贫困，而没有让中国民族资产阶级积累起财富。这种状况使得中国资本主义力量非常虚弱，在资金方面常常不得不在帝国主义那里借取一点残羹剩汁。在商品市场方面，中国民族资本企业也受到帝国主义的巨大压力。由于民族资本企业处于初创阶段，其产品的质量往往不敌洋货，而价格又比洋货高昂，这样在市场竞争中处于劣势。基于上面两个原因，民族资本企业只是在帝国主义放松对华侵略的空隙间有所发展，一旦帝国主义加强对华侵略，民族资本企业发展就会进入低潮。

　　本国封建势力也是阻碍民族资本主义发展的绊脚石。清朝统治者自甲午战后虽然鼓励发展工商业，但并没有清除实际上的束缚。仅厘金一项就令人望而生畏。厘金的税率原为1%，而一些地区实际上征收至5%～10%，各地关卡重重，货物每过一卡都要交一次税。厘金制度使民族资本工业的产品成本过高，无法与洋货竞争。此外，清朝统治集团还把持着一些行业的垄断权，甚至对一些获利丰厚或有潜力的商办企业随意收归官办。以铁路为例,从1905年起,民间要求商办铁路的呼声很高,但清政府不停地改变它的铁路政策,原因就在于不肯让利于商。张之洞曾说得很露骨:"铁路为全国利权所关,不甘让利于商,更不肯让权于商","必须官商合办"。

尽管中国民族资本主义与帝国主义、封建主义矛盾重重,但对它们又有一层依赖的关系。对帝国主义的依赖,表现在资金、技术、设备等方面。由于中国民族资本主义没有经历过充分的原始资本积累过程,没有经历过产业革命,因而它在上述方面只能寻找外力的帮助。中国民族资本主义与本国封建主义势力间的联系,更是显而易见。首先,一部分商办企业本身就是由官办企业、官商合办企业转化而来的;其次,一些民族资本家本身就是从封建营垒内部走出来的,如清末实业界领袖人物张謇原本是光绪年间甲午科状元,中途弃官从事实业,他和政坛的一些关键人物如张之洞、刘坤一、袁世凯保持着密切联系,他能在江苏南通地区创办一些实业,与他的这种政治背景密不可分;第三,部分发迹的资本家为了谋得政治上的特权,也乐意与清政府挂上钩,借以扩展他们的实力,如南洋侨商张振勋,回国后被清廷授予"太仆寺正卿侍郎衔,头品顶戴,南洋商务大臣",他在烟台创办的张裕酿酒公司也就很轻松地取得了专利15年的特权。

民族资本主义与帝国主义、封建主义的这种关系,决定了民族资产阶级的软弱性:一方面他们有反抗帝国主义、封建主义的愿望和行动,一方面他们又容易与帝国主义和封建主义的势力相妥协。

中国民族资产阶级的前身十分复杂，主要由官僚、地主、封建商人、买办、手工场主等转化而来。而这种转化又是参差不齐的，有的转化得彻底一些，有的仍旧与封建主义和帝国主义势力保持着密切关系。因此在民族资产阶级内部就有上层和中下层的分野。民族资产阶级的上层，或者与封建势力友善，或者以帝国主义做后台，得到了一些政治和经济的特权，逐渐发展为拥资数百万的巨头，这批人的前身大多数是官僚、大买办、大商人。民族资产阶级的中下层脱胎于政治地位和经济地位都相对低下的小官僚、普通商人、普通买办、作坊主等，在他们的发展过程中，不仅受到帝国主义和封建主义势力的束缚，甚至与民族资产阶级的上层也存在冲突。政治和经济地位的差异，决定了他们不同的政治觉悟和态度。一般来说，民族资产阶级的上层热衷于自上而下的资产阶级改良运动，惧怕、反对革命；民族资产阶级的中下层则是资产阶级革命运动的同情者、支持者和参与者，但由于它自身的软弱，又常常流于妥协。民族资产阶级上层和中下层的这些特点，在辛亥革命中表现得很充分。

讲到民族资本主义的产生和初步发展，还须提及华侨与华侨资产阶级，他们对辛亥革命的贡献巨大。孙中山曾说："华侨是革命之母。"中国人出洋谋生的历史相当久远，时值近代，华侨激增，据统计，1907年华侨总数达六七百万人，主要分布在南洋和美洲等地。华侨虽然促进了侨居地的发展，但由于清政府在国际上地位低下，无法保障华侨的正当权益，华侨往往受到歧视和虐待。普通华侨如此，华侨资产阶级也大多如此。他们迫切希望祖国早日强大起来，保护他们在海外的权益，迫切希望国内有一个供他们投资的良好环境，因此华侨和华侨资产阶级的大多数逐渐成为孙中山领导的革命的支持者和参与者。尤为重要的是，革命所需经费，绝大部分是华侨捐助的。由此可以说，没有海外华侨及华侨资产阶级的支持，辛亥革命所遇到的困难不知会增加多少！

4. 人民群众自发的反抗斗争

20世纪最初十余年里，人民群众自发的反抗斗争如星星之火遍布各地，动摇了清王朝的统治基础，为辛亥革命做了强有力的铺垫。义和团运动后，帝国主义把本息9.8亿两银子的赔款强加在中国人民头上。仅此一项，清政府平均每年就需支付赔款2000万两，占它岁入的1/4。除此之外，各地还需支付地方赔款。羊毛出在羊身上，清政府把负担转嫁到人民群众头上，旧税新捐层出不穷。与此同时，清政府举办"新政"所需经费也毫不例外地摊在了老百姓身上。再加上各级官吏从中贪诈，中饱私囊，几乎到了竭泽而渔的地步。不能生存下去的人民群众自发地走上了反抗斗争的道路。

尽管帝国主义想借助一纸条约要求清廷禁止人民群众的反帝斗争，但由于帝国主义和中国人民的矛盾日益加剧，因此来自下层群众的反抗已不是它们能够左右的了。各地群众把反教会和抗捐税的斗争结合在一起，不但把锋芒指向帝国主义，而且也指向清王朝。1902年，直隶广宗起义竖起了"官逼民反"、"扫清灭洋"的大旗。那一年，广宗县知县与传教士相勾结，强迫村民按亩缴纳"赔款捐"，激起民愤。颇有号召力的小绅士景廷宾登高一呼，立即得到周围地区群众的响应。起义持续了约三个月，袁世凯派心腹大将段祺瑞、倪嗣冲率北洋军一部，扑灭了这次起义。从义和团运动的"扶清灭洋"到广宗起义的"扫清灭洋"，反映出人民群众对清朝统治者的本来面目已经看得很真切了。从1902年到1905年，直隶朝阳、河南泌阳、四川、湖南邵阳、浙江桐庐、江西新昌等地都掀起了反教会的斗争。

清末"新政"不但没有使清王朝改头换面，反而引起了人民群众的反抗，因为"新政"只是增加了他们的负担，而没有带给他们什么好处。各地抗捐抗税斗争风起云涌，农民、手工业者、运输工人、店员、小商贩等都卷入了斗争的洪流。从1901年到1905年，这种类型的斗争全国不下七八十次，其中尤以下列几次较为突出，即：1903年河南农民反抗浮收钱粮的斗争，1904年山东运河沿岸农民反对屯田升科的斗争，1904年河南农民反对丈量土地的斗争，1904年江西乐平靛农反对抽收"靛捐"的斗争。值得注意的是，这一时期城镇手工业者和商贩也掀起了抗捐罢市的斗争，如1903年广州酒商罢市，1904年镇江商贩罢市并捣毁巡警局，1904年重庆商号歇业，1905年上海租界货栈业罢市等。

1906年南昌教案以后，各地反教会的斗争虽时有发生，但已经相对减少了，影响也不如以前显著。与此相反，抗捐抗税和罢商罢市的斗争却如火如荼一般发展起来，到1910年达到了高潮，群众自发的反抗斗争超过了260次，其中尤以山东莱阳民变和湖南长沙的抢米风潮影响最大。自筹办"新政"以来，山东莱阳地区农民负担骤增至数十倍，1910年春又发生了饥荒，农民要用历年积谷救急，但积谷被劣绅贪污盗卖，损耗甚大。在绅士曲士文的率领下，莱阳农民要求清查积谷，并有包围县署的举动。山东巡抚孙宝琦派兵去镇压，血洗了农民聚集的几个村庄，屠杀千余人。莱阳民变引起了很大震动，当时的报纸敏锐地评论说："窃恐踵莱阳而起者，祸变相寻而未有已也。"

1906年以后，南方各地苦于天灾人祸，农民背井离乡，城镇居民隔夜无粮，于是抢米骚动频频发生。1910年湖南水、旱灾害严重，巡抚岑春蓂依然支持他的亲信和洋行合伙搜购米谷，运出湘境以牟暴利；巡抚如此，奸商劣绅们纷起效尤，弄得长沙及周围地区米价一日数涨。4月中旬，贫民聚会要求平抑米价，岑春蓂将他们诬为滋事的市井无赖，并逮捕了其中一人。群众闻讯而起，长沙城内秩序混乱。岑春蓂一面欺骗群众，一面调常备军镇压。统治者的暴行立即招致更激烈的反抗，群众捣毁了米店、教堂、洋行、洋货店，并放火焚烧巡抚衙门。岑春蓂无法控制局势，自请免职。他的继任者一面严厉镇压暴动群众，一面对群众作出了让步，费了很大的周折才把这次暴动平息下来。

说到人民群众自发的反抗斗争，还当提到清末民间秘密会党的一些活动，尤其是南方天地会的活动。在孙中山早期发动的几次起义中，天地会一直是他特别重视的反清力量。天地会创始于康熙年间，分为两大流派：东南沿海一带的称三合会或三点会；长江流域的称哥老会或哥地会。天地会原以"反清复明"为宗旨，但时值清末，"复明"的含义已经失去了号召力，"反清"的斗争却继续存在。天地会的主要成员是游民，包括被裁汰的游勇散兵、破产后流落江湖的农民、手工业者，以及水陆交通线上的贩夫走卒。他们社会地位卑贱，历来被统治者视为土匪，因而具有较强的反抗精神。如1902年至1904年广西会党起义就给予清政府沉重打击，清政府用兵10余万、耗饷近400万两，才将它镇压下去。但同时，由于游民散漫不羁，政治上盲目无知，因此会党也有很大缺点，以致同盟会的领导人有"会党发难易，成功难"的感叹。

三　辛亥革命的推动力

1　兴中会的成立与保皇派的活动

毛泽东说:"中国反帝反封建的资产阶级民主革命,正规地说起来,是从孙中山先生开始的。"孙中山(1866~1925),名文,字德明,号逸仙。1897年在日本化名中山樵,后来人们就称呼他为孙中山。1866年11月12日,孙中山出生在广东省香山县(今中山市)翠亨村的一个农家。1878年,13岁的孙中山赴檀香山投靠哥哥孙眉。孙眉1871年到檀香山谋生,当时已发家成为资本家。孙中山在檀香山生活了6年;先后在当地英、美教会学校读书。1883年,孙眉担心弟弟加入基督教,让孙中山返回故乡。檀香山之行,在这位少年面前打开了一个全新的世界。1896年孙中山简述生平时说:"13岁随母往夏威仁岛(即檀香山),始见轮舟之奇,沧海之阔,自是有慕西学之心,穷天地之想。"

回乡不久的孙中山到香港去求学,1886年夏毕业于香港中央书院,旋入广州博济医院附设的南华医学校学医,在那里与同学郑士良成为志同道合的朋友。郑士良是三合会的一个首领,后来在领导会党参加革命活动方面作出了很大贡献。1887年,孙中山转入香港西医书院学习,1892年以优异成绩毕业于该校。在这所学校里,他与英籍教师康德黎结下了深厚的师生之谊。这一时期,孙中山与杨鹤龄、陈少白、尤列三人经常高谈革命反满,被亲友们称为"四大寇"。毕业后,孙中山在澳门、广州行医,与陆皓东、郑士良、陈少白、程璧光、程奎光等朋友畅论国事,意气风发。1893年,他们打算成立一个以"驱除鞑虏,恢复华夏"为宗旨的团体,但并未组织起来。

这一阶段的孙中山虽然高谈革命,但他的思想实际上还在革命与改良之间徘徊。1894年1月,他回到翠亨村,拟就了《上李鸿章》书,具体阐述了他的改良设想。他认为中国要富强,必须学习西方的四大长处,即"人能尽其才,地能尽其利,物能尽其用,货能畅其流"。1894年2月,孙中山偕陆皓东北上投书,他们在上海得到郑观应、王韬、盛宣怀的帮助,找到了进见李鸿章的门路。然而当他们抵达天津时,李鸿章借口中日战事吃紧,拒绝接见,书呈上后也是"泥牛入海无消息"。冰冷的事实粉碎了年轻人的改良梦,孙中山慨然长叹,坚定了走革命道路的决心。投书没有结果,他们又跑到北京游历了一番,目睹了清王朝腐败不堪的内囊。

1894年10月,孙中山以考察农桑为由,从上海赴檀香山,酝酿在当地华侨中组织革命团体。11月24

日,孙中山联合20多名华侨,在檀香山卑涉银行经理何宽家中成立了兴中会,中国资产阶级第一个革命团体诞生了。孙中山亲自拟定了宣言,宣言分析了中国积弱的原因,提出中国面临"强邻环列,虎视鹰瞵"、"蚕食鲸吞"、"瓜分豆剖"的严重形势,成立兴中会就是要"振兴中华,挽救危局"。兴中会的入会誓词中明确了"驱除鞑虏,恢复中华,创立合众政府"的革命目标,成为中国历史上第一个资产阶级性质的革命纲领。

这时候清朝统治者正被中日战争中的接连失败弄得焦头烂额,孙中山认为时机有利,遂率邓荫南等20余人回国准备武装起义。1895年1月孙中山抵达香港,即与辅仁文社的领导人杨衢云、谢缵泰接洽,筹建兴中会总会。辅仁文社成立于1890年,原来的宗旨不过是鼓励读书、增长知识、提倡爱国而已。2月21日,兴中会总会成立。香港总会重新发表了兴中会章程,这个革命组织的反清革命的目标更鲜明了。

兴中会总会一成立,立即着手准备在广州发动起义。杨衢云坐镇香港,负责筹款、购械、募兵;孙中山则前往广州成立革命机关,兴中会广州分会会员很快发展到数百人。各项准备工作表面上进展顺利,广州部分水师官兵及广州周围的绿林、会党都答应届时响应。而且在香港颇有地位的华绅何启与两名英国记者表示,可以运动英国政府承认起义后建立的新政府。兴中会把起义时间定在重阳节,但起义前夕,孙中山突然收到杨衢云的暗语电报说"货不能来"。孙中山果断决定撤离,但风声已经走漏出去了,两广总督谭钟麟派兵搜查，捕去陆皓东等五人，后来又逮捕了从香港运械来的朱贵全、丘四等人。不久陆、朱、丘三人被杀害。这次未成功的起义成为以后革命派一系列武装斗争的开端。

广州起义失败后，孙中山等人遭到清朝官方通缉，香港殖民政府也宣布五年内不准孙中山入境。1895年11月，孙中山与陈少白、郑士良一起东渡日本，在横滨设立兴中会分会。12月，孙中山断发易服，经檀香山赴美、英游历，志在华侨中宣传革命思想。不料清政府早已密切注意孙中山的行踪，随时准备将他捕回国内。1896年10月11日，清朝驻英使馆将孙中山秘密绑架，公使龚照瑗租定轮船，打算偷偷地把孙中山押解回国。孙中山费尽周折，终于说服使馆英国仆人柯尔，让他带信给康德黎求救。经过康德黎等友人的营救，孙中山脱险。孙中山用英文写成《伦敦被难记》，详细叙述了这次遇险的始末。从此，孙中山作为中国革命家而驰名于世。1897年，孙中山重返日本，就近筹划革命事宜。这时候，孙中山结识了宫崎寅藏、萱野长知两位日本朋友，他们后来一直真诚地支持孙中山领导的革命运动。

康有为、梁启超几乎与孙中山同时登上政治舞台。甲午战争后，康、梁领导的资产阶级维新运动蓬勃发展，并得到了光绪皇帝的支持。1898年改良的美好前景似乎已在他们眼前展开，但清朝的最高主宰者慈禧不答应，她用暴力扼杀了这场刚开了个头的变法维新。康、梁亡命日本。在1898年以前，革命和维新两派曾接触过,但当康有为觉得维新有望时就中断了这种接触。这次"同是天涯沦落人",孙中山想说服康、梁,争取两派间的合作。但康有为拒绝会见孙中山,表示不能放弃改良的立场。次年,康有为赴欧美游历。7月,他在加拿大与华侨李福基、冯秀石等人创立保皇会,康有为自任会长,梁启超、徐勤任副会长。

与康有为不同,梁启超一度想改弦易辙,加入到革命的阵营里来。康有为离日后,梁启超和孙中山交往频繁,经过反复协商,两派达成了一个初步的合并方案,打算由孙中山任会长,梁启超为副会长。梁启超写了一份《上南海先生书》,说只有革命才能挽救危局,劝他的老师康有为去"息影林泉,自娱晚景"。梁启超流质易变,康有为把他训斥了一顿,又将他拉回了保皇的框框里。尽管如此,这一时期(约1898~1903)的梁启超仍不失为传播资产阶级启蒙思想的杰出宣传家。1898年11月,他创办《清议报》,历时三年。1902年,他又创办了《新民丛报》。梁启超文章写得流畅激昂,有人称赞说:"洋洋万言,雅俗共赏,读时则摄魂忘疲,读竟或怒发冲冠,或热泪湿纸。"他一方面猛烈攻击慈禧为首的后党,揭露他们的腐败统治;一方面介绍西方资产阶级启蒙思想,提倡自由、平等、天赋人权等学说,批判专制与奴隶根性,鼓吹改造国民。梁启超尽管不属于革命派,但他的激越宣传对于革命思潮的来临起到了推波助澜的作用。

戊戌政变,谭嗣同慷慨殉难,他的好友唐才常悲愤异常,决心以武力开辟维新道路。1898年,唐流亡日本，一面在康、梁那里接受了起兵勤王的任务，一面又取得了孙中山的支持。1899年，唐才常回到上海，次年创立正气会，以排满、忠君为宗旨，这个自相矛盾的宗旨表现了他试图调和革命与保皇两派关系的愿望。不久，唐才常改正气会为自立会。6月，北方义和团运动风雷激荡，八国联军悍然入侵，清廷对外宣战。唐才常认为时机成熟，把自立会改为国会，由容闳任会长、严复为副会长。

8月初，唐才常赴汉口，准备在那里指挥自立军起事。自立军的主要成员包括会党、清军下级军官和士兵。自立军分七路，分布在安徽、湖南、湖北。当时张之洞正在搞"东南互保"，唐才常打算拥护张之洞割据两湖，宣布独立。自立军的款项主要由康、梁筹备，但康、梁的汇款迟迟不至，起义被迫延期，安徽自立军单独起义，遭到镇压。8月下旬，张之洞捕杀唐才常等100多人，自立军失败。这是维新派唯一的一次军事尝试，它的失败，使一部分维新人士转化为革命分子。此后，维新作为一种政治运动逐渐冷落，而革命运动逐渐成为时代的主流。

唐才常在长江流域策划自立军起义的时候，兴中会在广东也发动了一次起义。这两次起义实际上有互相呼应之势。

1900年1月，陈少白奉孙中山之命在香港创办《中国日报》，宣传革命；杨衢云也从日本回港筹备起义。这时候，郑士良已经与潮惠地区的会党、绿林联络成熟，只待起义。义和团运动兴起后的复杂形势，使一些帝国主义国家想借机渔利。香港议政局议员何启主张革命派和两广总督李鸿章合作，拥护李鸿章在广东搞独立，何启的主意得到了香港总督卜力的支持。孙中山一方面不反对这个计划，一方面积极准备起义。李鸿章对此事十分谨慎，主要由他的幕僚刘学询和革命派接洽。7月，清廷调李鸿章任直隶总督兼北洋大臣，要他北上与列强谈判。李鸿章路过香港时，卜力劝他留下来搞两广独立，并打算安排孙中山和他会谈，被李鸿章拒绝。英国想通过两广独立来谋求它在华南地区的利益，革命派也打算利用这个机会来扩充革命实力，但由于时局的迅速发展，这个计划落空了。当时，日本驻台湾总督儿玉源太郎也想借赞助中国革命之机，谋取日本在中国东南沿海的利益。9月下旬，孙中山赴台湾与儿玉源太郎接洽。孙中山轻信了儿玉的许诺，将购买到的军火运储台湾，并把召募到的日本退役军官（因起义队伍缺乏军事人才）也集中到台湾，只待起义爆发，好就近内运。

10月6日，起义首先在惠州三洲田爆发。由于寡不敌众、弹药枪械缺乏，郑士良率起义军边打边向福建厦门进军，希望得到来自台湾方面的援助。但此时日本国内已由伊藤博文组阁，实行保全清王朝的政策，禁止帮助革命派。这样一来，儿玉源太郎就取消了先前的承诺，孙中山的接应计划也随之落空。郑士良只得率军返回，不久起义失败。

惠州起义爆发后，广州方面因军械未能及时运到而不能响应，负责筹划起义的史坚如铤而走险，决定谋刺两广总督德寿。他原想用炸药炸死德寿，结果只毁坏了督署的一段围墙。由于史坚如的叔父告密，史坚如被捕遇害。

惠州起义虽然失败了，但革命派得到了更多的同情和支持。在1895年广州起义失败时，许多人把革命派视为洪水猛兽，而这次情况就不一样了。孙中山在1919年说："惟庚子失败之后，则鲜闻一般人之恶声相加，而有识之士且多为吾人扼腕叹惜，恨其事之不成矣。"这种状况表明清廷的威信已经荡然无存了。民困国危，更大的革命风暴即将来临。

② 同盟会举起推翻清王朝的旗帜

20世纪初，"新学"和"留学"蔚然成风，一个资产阶级、小资产阶级的新型知识分子群脱颖而出。他们一方面多多少少受到了西方近代自然科学和社会科学知识的熏陶，一方面对中国积弱不振、任人宰割的现状痛心疾首；他们中的一大批人迅速经历了从保皇到革命、从自发爱国到自觉革命的转变。资产阶级民主革命由涓涓细水汇聚成声势浩大的洪流，与这个新知识阶层的兴起紧密相连。从1901年起，国内新式学堂猛增，到1911年达5万多所，学生150多万人。同时，留学的风气也日益浓厚。由于日本学习西方成绩斐然，离中国又近，留学费用低廉，因而吸引了大批中国留学生。1901年留日学生不过100多人，四五年后猛增到8000多人。

1900年春,部分留日学生组织了一个名叫励志会的爱国团体,其宗旨在于"联络感情,策励志节",尽管部分成员很激进,但还拿不出鲜明的政见来。一些会员如秦力山、吴禄贞等回国参加了自立军起义。这年下半年,会员杨廷栋、雷奋等创办《译书汇编》,译载卢梭、孟德斯鸠、赫伯特·斯宾塞等人的著作,宣传资产阶级民主自由思想。励志会很快就分化了,成员曹汝霖、章宗祥等人逐渐靠拢清政府,以谋求高官厚禄。

秦力山在安徽大通领导一支自立军起义失败后,对康、梁的行为不满,重返日本后与孙中山频繁交往。1901年5月,他与戢翼翚、沈云翔在东京创办《国民报》,宣传天赋人权和自由平等,明确提倡推翻清王朝,同时猛烈批判保皇党,说康有为不过是梁山泊白衣秀士王伦一类的人物。在创办《国民报》的同时,秦力山还组织了一个名叫国民会的革命团体。

1902年4月,章炳麟、秦力山等人在东京发起召开"支那亡国242年纪念会",想以纪念明亡的方式来唤起人们的反清革命意识。后来由于日警阻挠,纪念会没有开成;孙中山邀请章炳麟等人赴横滨补行了纪念式。在为纪念会撰写的宣言书中,章炳麟缅怀明末清初的抗清英雄,借此激励人们的革命志节。章炳麟(1869~1936),字枚叔,号太炎,浙江余杭人。青年时代师从汉学家俞樾治经学,戊戌政变前夕投身于维新运动,1900年他已不满意保皇派的宗旨,愤然断发并作《解辫发》一文,以示和保皇派决裂,并从此转入革命的阵营。

1902年夏，清朝驻日公使蔡钧拒绝部分自费生进入成城学校学习军事的要求，吴稚晖、孙揆均、秦毓鎏等人先后赴使馆据理力争，蔡钧勾结日本政府将吴、孙二人驱逐回国，将秦毓鎏等人拘留。这件事情激起了留学生的义愤，秦毓鎏、张继、张澜等人创立青年会，"以民族主义为宗旨，以破坏主义为目的"，具有鲜明的革命色彩。

东京留学生开始政治活动的时候，国内新知阶层也掀起了波澜。1902年4月，蔡元培、叶瀚、蒋智由等人在上海创立中国教育会，旨在培养"共和的国民"。当时上海有家由盛宣怀创办的新学堂南洋公学，由于校方对学生封建式的压制，在这年11月出现了全体学生退学的风潮。部分学生退学后无处可依，转而向中国教育会求助。12月，教育会创设爱国学社来接纳这批学生，学社以蔡元培任总理，吴稚晖为舍监，教师多来源于教育会。继南洋公学之后，浙江浔溪公学、南京江南陆师学堂、杭州浙江大学堂、上海广方言馆等学校也发生了类似的退学事件，这种状况当时被社会称为"学界风潮"。从江南陆师学堂退学的章士钊等30余名学生也加入了爱国学社。

1903年，上海成为国内宣传革命的中心。这年6、7月间，发生了著名的《苏报》案。创办于1896年的《苏报》原是一家有日本背景的小报，1900年，一个官场失意的知县陈范出资接办了它，替维新、保皇做宣传。1902年，《苏报》率先报道了退学风潮，开始与教育会、爱国学社合作起来，鼓吹革命。1903年春

三 辛亥革命的推动力

节后,《苏报》每日的论说由爱国学社教员轮流撰稿,报馆则每月赠送学社经费一百元。6月,陈范聘请章士钊任主笔,使《苏报》面目大为改观:一般新闻报导减少,放言革命的文章增多。时值邹容的《革命军》和章炳麟的《驳康有为论革命书》先后面世,《苏报》为两书大做宣传,赞扬《革命军》说:"若以此书普及四万万人之脑海,中国当兴也勃焉";赞扬《驳康有为论革命书》说:"凡我汉种,允宜家置一编,以作警钟棒唱。"《苏报》宣传革命,惹怒了清廷。6月底,两江总督与列强驻上海的领事团交涉妥当,由租界当局拘捕了章炳麟等人,邹容自投捕房;7月7日,租界当局查封了《苏报》。租界当局为了维护他们的特权,拒绝将章、邹二人引渡给清政府,而是让清政府的代表与革命者在租界里打了一场官司。尽管最后章炳麟被宣判监禁三年,邹容被宣判监禁两年,但实际上清政府脸面丢尽,无形之中为革命做了一次有力的宣传。令人惋惜的是,年轻的革命家邹容后来病死狱中,他的早逝是革命的一大损失。

1903年上半年,留日学生与国内的进步力量互相呼应,掀起了以拒法和拒俄为主题的爱国运动。4月24日,日本报载清朝广西巡抚王之春借法兵、法款来平定游勇。留学生们立即行动起来,一面致电清廷和两广总督,要求将王之春撤职问罪;一面电告上海的中国教育会,请求响应。上海绅学商界闻风而动,4月25日在张园召开了拒法大会;次日,在上海的两广人士又集会于广肇公所。上海的两次集会影响很大,一时间各地"拒法惩王"的呼声高涨,清廷无奈,只得将王之春撤职。

拒法运动方兴未艾之时,拒俄运动又接踵而起。按照1902年中俄签订的《东三省交收条约》,俄国应在1903年4月完成第二期撤兵计划(义和团运动时俄国出兵侵略东北,后留驻大量军队),但俄国不仅不撤兵,反而提出7项无理要求,企图将东北变成它独占的势力范围。4月27日,爱国学社联合在上海的18省人士千余人集会张园,致电清政府外务部及各国外交部,表示决不承认俄国的无理要求。从4月底到5月,北京、武昌、安庆、南昌、广州、杭州、福州、长沙等城市的学生和民众也展开了拒俄运动,但斗争主要还局限于几个大城市里。

4月底,留日学生也行动起来。他们已不满足于空谈爱国,组织了一个拒俄义勇队,打算奔赴前敌。由于清朝驻日公使和日本当局的干涉,5月,义勇队先易名为学生军,再易名为军国民教育会。留学生们对清政府还抱有幻想,派汤槱、钮永建回国,企图说服袁世凯抗俄。但他们除了目睹清政府压制国内拒俄运动和清廷命各地严拿归国留学生的密电外,一无所获。7月5日,军国民教育会聚会欢迎汤、钮二人回东京,将该会的宗旨由"实行爱国主义"易为"实行民族主义",开始转到革命的旗帜下。军国民教育会还只是个松散的团体,它的一些成员陆续回国,促进了国内革命团体的产生。

1903年到1904年,国内陆续成立了一些资产阶级革命团体,其中华兴会、光复会和科学补习所的影响最大。

华兴会是两湖地区最早成立的革命团体,它的会长黄兴后来成为同盟会的主要领导人之一。黄兴(1874～1916),原名轸,字厪午,号克强,湖南善化县(今长沙)人。1893年入长沙城南书院读书,1896年第二次参加县试获中;1898年到武昌的两湖书院求学,时值维新思潮风行,黄兴读了几本诸如卢梭的《民约论》一类的书,开始接触资产阶级的政治学说。戊戌变法和自立军起义的失败,使黄兴受到震动,他的思想更趋激进,写了一条鞭策自己的"笔铭":"朝作书,暮作书,雕虫篆刻胡为乎?投笔方为大丈夫!"1902年春夏之交,黄兴被张之洞选派赴日留学,就学于东京弘文学院速成师范科,课余聘请日本退伍军官讲授军略,每日晨起练习枪弹骑射。1903年,黄兴自愿充任军国民教育会的"运动员",回国策动反清革命。回到长沙后,黄兴在明德、修业等学校当教员,暗地里鼓吹革命。1903年11月4日,黄兴以庆祝自己30岁生日为名,邀集张继、谭人凤、陈天华、宋教仁、吴禄贞等20余人密商,决定设立华兴会,黄兴被共推为会长。为避清政府耳目,华兴会对外称"华兴公司"。

华兴会刚刚成立,就着手筹划武装起义。黄兴组织了两个外围团体:一是黄汉会,专门运动军队;一是同仇会,负责联络会党。哥老会首领马福益的势力遍及醴陵、湘潭、浏阳各县,1904年初,黄兴、刘揆一与马福益在湘潭会晤。刘揆一后来对此行做了生动的描述:为避清吏耳目,他们二人短衣钉鞋、头顶斗笠，乘雪夜行30里，与马福益相见于一个矿山的岩洞中。他们用柴火烤了几只鸡，边吃边谈。双方议定在农历十月十日慈禧70生辰时发动起义，并商定以黄兴为主帅，刘、马二人任正副总指挥。黄兴在归途中兴奋不已，吟诗明志："结义凭杯酒，驱胡等割鸡。"起义的准备工作进展顺利，并与湖北的科学补习所和江浙地区的革命党人取得了联系。但由于走漏了风声，被湖南顽固巨绅王先谦嗅到了起义动向，王先谦密告署理湖南巡抚陆元鼎，要求逮捕黄兴等人，起义遂告流产。黄兴在开明绅士龙绂瑞和教士黄吉亭的帮助下安然脱险，潜往上海。11月中旬，因受万福华刺杀前广西巡抚王之春事件的牵连，黄兴被捕，不久出狱，随即同刘揆一东渡日本。

20世纪初，武昌是长江中游地区资产阶级政治活动的中心。1904年3月，黄兴派宋教仁和胡瑛到武昌建立华兴会湖北支部，试图运动湖北新军来响应华兴会在湖南的起义。胡瑛结识了当地知识界中的革命分子张难先、吕大森等人。胡瑛与张难先为了运动新军，投入新军工兵营当了士兵。他们在士兵中散发《革命军》、《猛回头》等书，并给士兵讲述历史故事，启发他们的觉悟。形势的发展迫切需要建立革命组织，7月3日，胡瑛、张难先、吕大森等30余人在武昌组成科学补习所，由吕大森任所长，胡瑛任总干事，宋教仁负责文书。科学补习所表面上以讲授科学知识为务，暗中进行革命活动，尤其重视新军的工作。他们把倾向革命的知识青年或会党分子输入新军中，埋下了革命的火种。华兴会在湖南事败，科学补习所也受到牵连，幸亏先期得到黄兴密电，进行了隐蔽疏散，虽然组织遭到破坏，但成员大多安然无恙。

1904年冬天，江浙地区也出现了一个革命团体——光复会。1904年下半年，在东京的军国民教育会的部分留学生组织了一个秘密的暗杀团，不久它的成员龚宝铨回到上海成立了一个暗杀团，蔡元培闻讯后要求参加。由于暗杀团活动范围狭小，不易进行广泛的革命活动，于是蔡元培等人将其扩大改组为光复会（又称复古会）。蔡元培因声望卓著被举为会长，时在狱中的章炳麟也参与其事，陶成章、徐锡麟、秋瑾、李燮和等重要成员陆续加入。光复会成立后很重视会党的力量，陶成章、龚宝铨、魏兰遍历浙东浙西，从事调查、联络会党的工作，先后与白布会、龙华会等挂上了钩。陶成章根据他对秘密会社的调查，撰写了《教会源流考》一文。徐锡麟、陶成章又在绍兴创办了大通学堂，以便结纳会党人士，培养革命人才。

1904年前后，除华兴会、科学补习所和光复会之外，还产生了一些革命小团体，如安徽岳王会、广州群智社、江苏强国会等。这种情况表明，革命的星星之火已经在各地点燃了。

革命团体如雨后春笋般涌现，但还是一种分散的力量，它们在革命的目的和革命的策略方面并未取得完全的共识。华兴会起义失败后，受牵连的各团体首领亡命日本，他们认识到零打碎敲不足以推翻清朝统治者，必须成立一个全国统一的革命政党，来推动革命。这一时期，孙中山也在酝酿建立一个全国性的政党，随着形势的发展，他的眼光已不局限于兴中会的范围。1903年秋，孙中山在东京创立青山军事学校，在他拟定的入校誓词中首次提出了"驱除鞑虏，恢复中华，创立民国，平均地权"十六字宗旨。1903年9月下旬，孙中山离日。在以后近两年的时间里，他先后游历了檀香山、美国和欧洲，一方面旗帜鲜明地与保皇派斗争，一方面提出了更完备的革命主张，他的三民主义思想开始形成。1904年底，孙中山赴欧洲，在留学生中宣传革命、组建革命团体。他在布鲁塞尔与留学生朱和中、贺之才等人进行了一次极有意义的长谈，朱和中等人直言孙中山只重会党而轻视新军和知识分子的缺点，要求"更换新军脑筋，开通士子知识"。孙中山虚心接受了他们的建议，这样在革命的依靠力量问题上，孙中山的认识又前进了一大步。

　　1905年7月，孙中山返回日本。经宫崎寅藏的介绍，孙中山与黄兴会晤，商谈组建统一革命团体的问题。黄兴非常赞同孙中山的主张，他说服了华兴会其他成员，最后决定允许会员个人自由加入新的统一团体。华兴会在留学生中影响很大，它的合作态度使建立统一革命团体的工作进展顺利。7月30日，在东京召开了组建统一革命团体的筹备会议。有10省部分留学生70余人参加了会议。会上孙中山提议把新团体命名为"中国革命同盟会"，几经讨论，最后定名为"中国同盟会"，并决定以"驱除鞑虏，恢复中华，创立民国，平均地权"十六字为宗旨。

8月20日，同盟会举行正式成立大会，除甘肃当时无留学生外，全国其他省份的百余人出席了大会。会上由黄兴宣读章程草案30条，经大会讨论修改后通过。章程规定：同盟会本部设在东京；本部在总理之下分设执行、评议、司法三部；国内外设立9个支部，各省设立分会。会上还推选了本部的主要负责人，孙中山被一致推为总理，黄兴被推为执行部庶务（若总理不在本部时，由庶务代行总理职权）。

8月27日，原华兴会宋教仁等主办的杂志《二十世纪之支那》移交给同盟会本部作为机关报。由于该刊第二期登载有《日本政客之经营中国谈》一文，触怒了日本当局。为了避免引起无谓的麻烦，同盟会决定将其易名为《民报》。

同盟会的成立为反清革命事业带来了新景象，孙中山后来评论说："从此革命风潮一日千丈，其进步之速，有出人意表者矣。"

孙中山之所以成为众望所归的革命领袖，不仅仅因为他是革命的首倡者，也不仅仅因为他具有雄才大略，还在于他提出了当时最系统的资产阶级民主革命纲领。1905年11月，孙中山在《民报》的发刊词中，首次提出了民族主义、民权主义和民生主义，即"三民主义"的主张。

民族主义即"驱除鞑虏，恢复中华"，也就是用革命的暴力推翻清朝统治。由于清朝的最高统治权掌握在满族人手中，许多革命者于是简单地把近代中国灾难深重的祸源归结到异族统治这一点上，他们的民族主义表现为狭隘的排满主义，其中掺杂着大汉族主义的情绪。孙中山在这个问题上的见识要高远一些，他更重视的是政权掌握在谁手中的问题，并不单纯排满。1906年，他在《民报》创刊周年纪念会上说："惟是兄弟曾听见人说，民族革命是要灭尽满洲民族，这话大错……我们并不是恨满洲人，是恨害汉人的满洲人。假如我们实行革命的时候，那满洲人不来阻害我们，决无寻仇之理。"但总的来说，包括孙中山在内的资产阶级革命者，当时对民族主义还缺乏正确的理解，他们不敢明确地举起反抗帝国主义的旗帜，从而放过了真正的民族敌人；他们强调排满，却放过了汉族中的封建统治势力。

民权主义的核心是"建立民国"，即建立资产阶级共和国。孙中山认为民权主义是政治革命的根本。他说："我们推倒满洲政府，从驱除满人那一面说，是民族革命；从颠覆君主政体那一面说，是政治革命，并不是把来分作两次去做。讲到那政治革命的结果，是建立民主立宪政体。照现在这样的政治论起来，就算汉人为君主，也不能不革命。"民权主义突出了革命反封建专制的一面，是要把民众从封建桎梏中解放出来。遗憾的是革命者并没有意识到反封建的艰难性和长期性，他们视此为一件轻而易举的事情，认为只要打倒了清朝的皇帝，封建专制也就会自然而然地寿终正寝。

民生主义，就是要用"平均地权"的办法来进行社会经济改革，以便防止日后发生社会革命。19世纪末20世纪初，主要资本主义国家先后进入帝国主义阶段。在它们那里，一面是发达与繁荣，一面却是矛盾与斗争。孙中山对这种状况洞烛在胸,他在《民报》发刊词中谈道:"然而欧美强矣,其民实困,观大同盟罢工与无政府党、社会党之日炽,社会革命其将不远。"怎样防止这种局面将来在中国重演,孙中山开出了"平均地权"的药方,即:核定全国地价,现有的地价仍归原主所有,革命后随着社会进步而增长的地价,则归国家所有,由全体国民共享。孙中山把他的这套办法理解为当时流行欧美的"社会主义",认为这样就可以解决社会问题,清除将来爆发"社会革命"的隐患,达到"举政治革命、社会革命毕其功于一役"的目的。实质上,孙中山的民生主义虽然表达了他解救民众苦难的美好愿望,但说到底只是一种主观的、不切实际的空想。

在清末诸多革命团体中,只有同盟会的成立和三民主义的提出,高举起推翻封建朝廷的旗帜,把大多数革命者团结在自己周围,从而推动反清革命形势高涨起来。

3 反清宣传运动

革命往往是在宣传革命的号角声中涨潮的。1905年同盟会成立以前,资产阶级革命派逐步建立起了宣传阵地。1900年,陈少白在香港创办《中国日报》,郑贯一和冯自由等人在东京创办《开智录》,成为革命书报大量涌现的先声。东京留学生先后创办的革命报刊有《国民报》、《游学译编》、《湖北学生界》、《直说》、《浙江潮》、《江苏》、《二十世纪之支那》等。国内（主要在上海）革命报刊也为数不少，如《苏报》、《国民日报》、《俄事警闻》、《警钟日报》、《童子世界》、《女子世界》、《中国白话报》、《二十世纪大舞台》等。在美洲和南洋的华侨中，一些报刊或由宣传保皇转为宣传革命，如《檀山新报》、《大同日报》等；或者新办了一些革命报刊。除报刊外，宣传革命的书籍也有很大影响，如《新湖南》、《革命军》、《驳康有为论革命书》、《黄帝魂》、《孙逸仙》、《訄书》、《猛回头》、《警世钟》、《中国问题之真解决》等。尽管清政府严行查禁，但这些革命书报仍然不胫而走，在国内外广为流传。比如《革命军》一书，先后以《图存篇》、《革命先锋》、《救世真言》等名目在新加坡、香港、上海等地翻印，在辛亥革命时期，这本书发行了百万余册。

1901～1905年，中国历史舞台上活跃着一批宣传资产阶级民主革命的健将，章炳麟、邹容、陈天华是他们中间的佼佼者。

章炳麟是有名望的学者，又是从维新、保皇的阵营转入革命阵营的；他的宣传活动，对知识分子、对与他经历类似的人们影响很大。这一时期《驳康有为论革命书》是他宣传革命的经典之作。1902年6月，康有为撰写了《答南北美洲诸华商论中国只可行宪不可行革命书》，攻击革命，宣扬保皇。次年6月，章炳麟写了《驳康有为论革命书》，系统批驳了康有为的主张。他针对保皇派一味吹捧光绪的言论，直斥光绪不过是"未辨菽麦"的"小丑"，根本无能担当立宪的大任；他论证中国的出路在于革命，只有革命才能实现立宪民主。他写道："……公理之未明，即以革命明之；旧俗之俱在，即以革命去之。革命非天雄大黄之猛剂，而实补泻兼备之良药矣。"

邹容（1885~1905），字威丹，出生在四川巴县的一个富商家庭，自幼熟读经史，却蔑视科举。1902年9月赴日，就学于东京同文书院。1903年回到上海，积极参与拒法、拒俄运动，并与章炳麟、张继、章士钊等人结为兄弟。1903年5月，邹容发表了《革命军》，全书分七章，约两万字。邹容在绪论部分以恢弘的气势讴歌革命，他说革命是世界公理，是挽救危亡的要义，是文明进化的动力，是涤荡奴隶劣根性的良方。为什么要推翻清朝的统治？邹容回答说，因为它是集封建专制、民族歧视、卖国投敌于一体的祸首。革命的目的何在？邹容勾画了建立资产阶级民主共和国的蓝图，明确提出了"中华共和国"的名称。邹容的《革命军》以西方资产阶级民主思想为理论基础，同时也汲取了同时代中国革命思想家的精华，加上文字浅显流畅，笔锋犀利，因此深受欢迎，在传播资产阶级民主革命思想方面的功绩超群拔萃。

陈天华（1875~1905），字星台，出生在湖南新化县一个清贫的塾师家庭，幼时做过沿街叫卖的小贩，后得人资助，奋发求学。1903年留学日本，加入拒俄义勇队、军国民教育会，后回国运动，参与创立华兴会，华兴会起义失败后再度赴日。1905年参加同盟会，是年12月，为抗议日本颁布留学生取缔规则，于东京大森湾投海自杀。1903年夏至1904年初，陈天华先后撰写《猛回头》和《警世钟》两书。在书中，他淋漓尽致地揭露帝国主义侵略中国的野心，悲怆地呼喊："瓜分豆剖逼人来，同种沉沦剧可哀！太息神州今去矣，劝君猛省莫徘徊！"他指出，要反帝救国就必须革命排满，因为清廷已经彻头彻尾地成了"洋人的朝廷"。同时他认识到要反帝救国就必须学习西方，他说："越恨它，越要学它；越学它，越能报它，不学断不能报。"陈天华文笔通俗而又饱含激情，几乎"一字一泪，一语一血"，极大地鼓舞了人们的爱国热情和革命勇气。

"革命排满"、"建立共和"，已成为这一时期革命宣传的中心内容。尽管宣传家的思想还不够成熟，甚至还包含一些错误的认识，但是小瑕难掩大瑜，毕竟是他们的呐喊声震醒了沉睡中的一个民族。

同盟会成立后在思想战线上面临一个严峻的任务，即廓清康、梁等人保皇、立宪思想的影响，把人们吸引到革命的大旗下来。其实，革命派和保皇派早在1903年左右就拉开了论战的序幕。1903、1904年间，孙中山先后撰写了《警告同乡书》、《驳保皇报》等文章，断然指出："革命、保皇二事，决分两途，如黑白之不能混淆，如东西之不能易位。"也就在1903年，梁启超赴美国游历了一趟，返日后收起了所谓同情革命的言论，起劲地鼓吹保皇，并声称要与异己者宣战。

1906～1907年期间，两派之间的论战达到高潮。这时候清廷玩起了"预备立宪"的把戏，康、梁在海外也积极响应，以"立宪"来标榜他们的团体。革命派以《民报》为主阵地,立宪派以《新民丛报》为堡垒,双方展开针锋相对的辩论。此外,两派在美洲、南洋的报刊也先后投入到论战中来。

论战的主要问题有三个。

第一,是否要用革命的手段推翻清王朝的统治。立宪派指责"三民主义"中的民族主义不过是狭隘的排满主义,梁启超认为最重要的不是满汉之间的矛盾,而是满汉和其他国内民族一致对外的问题。表面上看,梁启超的见识要比革命者高明得多,但他忽视了一个最基本的事实,即清政府已完全充当了帝国主义侵华的工具。因此他的这个论调在革命派的反击下显得苍白无力。梁启超又抛出新的法宝,他认为革命不仅会造成内乱,还会引起列强瓜分中国的局面。革命派则宣称唯有暴力革命才是救国救民的途径,陈天华在《中国革命史论》一文中说:"吾因爱平和,而愈爱革命,何也?革命、平和,两相对峙,无革命则亦无平和。"革命派认为革命不会招致列强的干涉,因为列强之所以瓜分中国,是因为清政府太腐败了;通过革命除去这个腐败的政权,也就杜绝了列强瓜分中国的妄想。

第二,是否要建立共和国。梁启超认为当前在中国万万不能实行共和制度,因为国人还不具备共和国民的资格,他甚至认为中国人民连君主立宪的资格都不够,只配由皇帝来搞"开明专制"。革命派则反驳说,中国人民决不比欧美人低劣,虽然长期受封建压制,但仍有无限蓬勃的生气;相反,真正腐朽的是统治阶级:皇帝"不辨菽麦",大臣"蝇营狗苟"。革命派认为民主共和才是大势所趋，人心所向。

第三，是否要平均地权的问题。梁启超对革命派鼓吹平均地权反对尤力。他在《开明专制论》一文中说："虽以匕首揕吾胸，吾犹必大声疾呼曰：敢有言以社会革命（平均地权），与他种革命同时并行者，其人即黄帝之逆子，中国之罪人也，虽与四万万人共诛之可也。"革命派则放眼将来，他们认为要避免贫富悬殊，避免社会动乱，就必须走平均地权这条路。

这场大论战，以革命派的胜利、立宪派的失败而告终。革命派能够取胜，并不是因为他们的理论多么完美无缺；相反，梁启超在对西方资产阶级思想理论的认识和理解上，往往显得比他们高明一些。问题的关键在于，革命派是在为一种新生的力量、一种历史的趋势辩护，而梁启超等立宪派则是为一种没落的势力、一所行将倒塌的破屋子涂脂抹彩。谁正确地适应了历史潮流，历史潮流就会选择谁。

4 从反美运动、收回利权运动到国会请愿运动

1905年爆发了一场全国规模的反美运动。从19世纪中叶始，美国大量招募中国苦工。吃苦耐劳的华工为美国西部经济繁荣贡献很大。但从19世纪70年代起，美国资产阶级为转移国内工人斗争的视线，不断制造反对华工事件。1894年，美国和清政府订立《限禁来美华工保护寓美华人条约》，这个条约以保护在美

华人为幌子,实际上将排华政策合法化,在美华人因此受到更大的歧视和侮辱。1904年该条约期满,华侨及国内民众要求废止这个条约,清政府小心翼翼地提出修改条约,但美国政府断然拒绝,蛮横地要求清政府续订该约。消息传出,中国人民立刻掀起了反美浪潮。这场运动以商人抵制美货为主要形式,学生、工人等也积极参与。

1905年5月10日,上海总商会召开特别会议,会长曾铸发表演说,怒斥美国政府的排华政策,提议如果两月之内,美国政府仍坚持续订苛约,将联合抵制美货。他的倡议得到与会者的赞同。随后,商会以曾铸的名义致电外务部及商部,恳请清廷保护国权商利,又通电各大城市商会,要求一致行动。7月下旬,美国政府仍不改变其立场,上海总商会再次集议,作出了不进美货、不卖美货的决定。上海近80种行业积极响应这一决定。与此同时,各界群众也闻风而动,学生不到美国教会学校念书,工人不装卸美国货,中国雇员拒绝给美国人做车夫、厨师,一些抵制美货的团体也纷纷成立。反美运动迅速席卷全国,北京、天津、长沙、南京、汉口、重庆、西安、青岛等城市的工、学、商各界都加入到运动中来了。广东因寓美华侨最多,反美斗争较他省更激烈、时间更长。广州、佛山、顺德、潮州、汕头、香山、肇庆、韶关等地都成立了拒约会,一些宣传反美的报刊也出现了,如《拒约报》、《时事画报》、《资报》等。

规模巨大的反美运动使美国深感不安,它们一面分化和软化这场运动的领导阶层，一面向清政府施加压力，要求制止这场运动。其他列强深恐同样的命运落到自己头上，也纷纷给美国政府帮腔。秉承列强的旨意，清廷下令各省督抚禁止反美运动。与此同时，领导这场运动的一些民族资产阶级的上层头面人物，如张謇、汤寿潜、汪康年也撤身后退，散布一些破坏活动的言论。曾铸受到贩卖美货大买办商人的威胁，8月中旬被迫宣布不再过问该运动，发表了一篇措词悲怆的《留别天下同胞书》，说："愿曾少卿（即曾铸）死后，千万曾少卿相继而起，挽回国势，争成人格……"

轰轰烈烈的反美运动渐渐沉寂下来。它在一定程度上打击了帝国主义在华势力，刺激了民族资本主义的发展，同时也促进着中国人民的觉醒。

随着中国民族资产阶级力量的增强，他们开始自发地组织起来抵制帝国主义的经济侵略和清政府的卖国行径，兴起了一场旨在收回铁路和矿产主权的运动，一般被叫做收回利权运动。

1903年，清廷颁布《铁路简明章程》，准允官商集股修路。此后，广东、湖南、江西、安徽、云南、山西、四川等省陆续设立了商办铁路公司。铁路要自办，首先必须收回被列强攫夺的路权。1904～1905年，粤、湘、鄂三省绅民收回粤汉路的斗争拉开了这场运动的序幕。1900年，清政府正式将粤汉铁路交给美国合兴公司承办，并规定不得转给他国及他国人。但合兴公司缺乏资金，将该铁路股票的2/3转卖给比利时资本家。粤、湘、鄂三省绅商纷纷上书要求清政府中止与合兴公司订立的合同，留日学生成立了"三省铁路联合会"来声援他们。上海等地的报刊也从舆论上支持这场斗争。1905年8月，清政府被迫将粤汉路高价赎回，允许三省绅商筹款，分段修筑。

江浙绅民力拒外款，争取商办苏杭甬铁路的斗争把收回路权运动推向高潮。1898年，清政府铁路总办盛宣怀与英国银公司签订《苏杭甬铁路草约》，规定苏州—杭州—宁波铁路由银公司承建，但在此后六年中，一直未签正约。1905年7月，浙江绅商成立了浙江铁路公司，由汤寿潜任总理；1906年江苏绅商成立了江苏铁路公司，巨绅王清穆任总理，张謇为协理。两省绅民要求收回苏杭甬铁路自办。英国方面向清政府施加压力，要求迅速签订正约。最后清政府拿出了一套借款、筑路分归两事的方案：由邮传部出面向英方借款150万镑，再由邮传部转借给两省商办铁路公司，筑路的事名义上是中国自办。清廷想两面讨好，实际上还是要出卖路权。这下子激怒了两省绅民，官绅上书抗争；浙路业务学校学生邹钢、浙路副工程师汤绪相继绝食殉路；民众纷纷成立争路团体；东京的同盟会本部也支持这场斗争，章炳麟甚至提出了罢工罢市的主张。适逢两省饥民抢米风潮迭起，会党活动频繁，形势飘摇，1907年，清政府只得把这笔借款转用于修筑开封到徐州的铁路，暂时缓和了江浙两省的争路斗争。

收回矿权的斗争在这一时期也迅猛兴起。1905年，山西各学堂的学生纷纷罢课，要求收回被英国福公司攫夺的晋南几个州县的矿权，晋籍留日学生也派代表回国，要求收回矿权。山西绅商也投入了这场斗争，筹款购买矿地，自行开采。1907年，山西民众成立保晋公司，宣布矿区不得出售给外人。福公司无可奈何，于1908年同山西商务局签订合同，同意山西绅民赎回全部矿权。在全国范围内，安徽、奉天、山东、四川、云南、湖北等省也兴起了规模不等的收回矿权的斗争。

收回利权运动的领导权大多掌握在立宪派手中，他们力图把运动限制在"文明"的范围内，害怕发动下层群众，对清政府有较强的依赖性。但形势的急剧发展，很快使他们不由自主地卷入到暴风雨中，这种情况在接踵而至的保路风潮中可以见到。

从1905年起，清廷摆出异乎寻常的"开明"的架势，耍起了"立宪"的把戏。革命形势一日千里，立宪派又大肆鼓吹立宪，在这种情况下，清朝统治阶层内部也松动起来，一些驻外使节、朝中大臣和地方督抚纷纷吁请朝廷"变更政体"以便应付危机。慈禧太后权衡再三，接受了他们的请求。这年夏秋间，她派五大臣出洋考察宪政。革命派中部分人担心清廷的立宪举动会不利于革命形势的发展，于是就有吴樾谋炸五大臣的举动，但这种暗杀只不过让五大臣出洋的时间推迟了几个月。第二年七八月份，五大臣先后归国，向慈禧报告了实行立宪的三大好处：一是"皇位永固"；二是"外患渐轻"；三是"内乱可弭"。9月1日，清廷颁布了"仿行宪政"的上谕，尽管上谕中没有提及实行立宪的具体时间，但是立宪派还是为之欢欣鼓舞，纷纷成立立宪团体：张謇、汤寿潜在上海成立预备立宪公会，汤化龙在湖北成立宪政筹备会，谭延闿在湖南成立宪政公会。在海外的康有为将保皇会易名为国民宪政会，第二年10月，梁启超在日本组织了政闻社。1908年春，梁启超把政闻社的本部迁到上海，意在掌握国内立宪运动的领导权。但慈禧旧恨未泯，下令查禁政闻社，因此康、梁一派在国内的活动受到限制，他们只得一面在国内钻营，一面在海外大搞"立宪"宣传。

在颁布"预备立宪"上谕的第二天，清廷下令改革官制，其目的在于打击日益坐大的汉族官僚势力，加强以满族人为核心的中央集权。官制改革的结果是，11个部的尚书中，满蒙贵族占了6人，汉官只占5人。这场闹剧令立宪派大为不满，他们开始不信任这个屡施骗伎的政府了。立宪派把争取参政权作为他们活动的中心，从1907年秋始，各省立宪派要求清廷速开国会，并发起请愿签名运动。1908年，一些省的立宪团体派代表纷抵北京，上书要求三年内召开国会。与此同时，部分督抚及驻外使节也奏请速开国会。清廷于是在7月下令各省筹办谘议局，8月颁布《钦定宪法大纲》，许以9年为期，逐步筹办宪政。

1908年11月，光绪皇帝和慈禧太后相继死去，按照慈禧临死前的安排，醇亲王载沣3岁的幼子溥仪继承皇位，年号宣统；载沣以摄政王的身份执掌朝政。驭政无术的载沣一面削弱汉族官僚势力，令权倾朝野的袁世凯回籍养病；一面揽集军权，自任全国海陆军大元帅，派他的两个弟弟分管海、陆军。载沣的行为使本已不稳固的清朝统治阶层更加人心惶惶，闹得清廷十分孤立。

载沣为笼络人心，表面上对立宪很热心，立宪派也对他寄以期望。1909年，各省谘议局成立，江苏谘议局议长张謇联络各省谘议局，鼓吹速开国会。12月16日，各省谘议局代表齐集上海会商，决定组织晋京请愿代表团，要求一年之内召开国会。1910年1月，由直隶代表孙洪伊领头，向都察院递交了请愿书，但清廷拒绝了他们的要求。孙洪伊等人即着手组织国会请愿同志会，设本部于北京，分会于各省。6月，立宪派再次派代表赴京上书请愿，签名参加请愿的人有20多万。然而清廷仍坚持以9年为期。清廷的顽固，招致了第三次更大规模的请愿运动，各地群众、海外华侨纷纷投入到这场运动中。这年9月，资政院开院，由于立宪派议员的抗争，资政院通过了请速开国会的奏稿，要求在1911年召开国会。与此同时，一些督抚也联名上奏吁请早开国会。清廷于无可奈何之中颁布谕旨，把原定9年的预备期缩短为3年，并允诺尽早成立新内阁，令各省请愿代表即日回籍。

1911年5月，新内阁果然出台了，但它不但引不起立宪派的丝毫兴趣，反而令他们深感失望和愤恨。因为这个内阁的13名成员中满族有8人，其中5人还是皇族；内阁总理大臣是那个以贪庸闻名的庆亲王奕劻。这个"皇族内阁"再明白不过地拆穿了清廷的立宪骗局。在革命的大风暴即将来临之际，部分立宪派人士开始改弦易辙，寻找新的出路。

四　有组织的反清武装起义的发动

1. 同盟会领导的武装起义

同盟会成立后,始终把武装起义作为它工作的重心,不断发动、组织会党和新军向清王朝进攻。萍浏醴起义,就是它领导武装起义的开端。

1906年春,长江流域洪水泛滥,人心惶惶,社会底层的潜流已经涌动起来。同盟会东京本部派刘道一、蔡绍南等回国联络会党、军队,准备伺机起义。他们到达长沙后与当地同志秘密聚议,决定首先在萍乡、安源一带发动会党、矿工起义。刘道一坐镇长沙,负责与同盟会本部联系,蔡绍南则潜往萍乡一带联络会党。

在明德学堂学生魏宗铨的帮助下,蔡绍南与萍乡、浏阳、醴陵地区的哥老会头领龚春台等人取得了联系,用会党开山堂的方式成立了洪江会,龚春台被推为大哥。这一带是湘赣两省交界的地区,官府统治力量薄弱,会党势力很大,加上许多会党曾是马福益(因参加入华兴会起义,1905年被清政府杀害)旧部,因此,洪江会的组织发展迅猛。此外,洪江会还与安源煤矿的工人联系上了,矿工首领萧克昌也是哥老会的首领之一,他允诺届时率矿工响应。洪江会决定趁年底清吏封印的时候起义。

但洪江会的组织工作不甚严密,起义的风声不知不觉地流传出去,引起了当地政府的注意。洪江会的一个头目李金奇遭清军追捕,情急之下投水身亡,接着又有不少会员遭到捕杀。形势紧迫,龚春台、蔡绍南、魏宗铨等人在12月3日晚议定提前起义,又因军械不足还要稍等一段时间。但洪江会的中下级头目和会众已经坐不住了,一个码头官廖淑保在第二天率先举起义旗,龚春台、蔡绍南被迫下令各路人马起义。起义军定名为中华国民军南军革命先锋队,龚春台为都督,蔡绍南、魏宗铨分任左、右卫统领。起义军发布檄文,宣布清朝统治的十大罪状,表示要建立共和民国。这个檄文带有明显的资产阶级民主革命的色彩。紧随洪江会之后,浏阳洪福会姜守旦也宣布起义,但完全没有改变旧式会党的宗旨。

起义震惊了清政府,江西巡抚吴重熹、湖南巡抚岑春煊、湖广总督张之洞先后派兵镇压。起义军并没有得力的领导核心,往往各自为战,在清政府优势兵力的围剿下,1907年1月,起义失败。刘道一、蔡绍南、魏宗铨、龚春台等先后被捕牺牲。

起义消息传到日本,同盟会员纷纷请归,打算"身临前敌,与虏拼命"。宁调元、胡瑛、梁钟汉、孙毓筠等回国，分赴长江流域各省以图策应。起义失败后，这些会员中有很多人被捕，他们大多数表现了大无畏的革命气节。但孙毓筠这个同盟会的重要成员，却向两江总督端方摇尾乞怜，做了叛徒。

起义的失败，同志的死难，激起了孙中山、黄兴的悲愤，两人各赋诗一首寄托了对刘道一的哀思。孙中山诗曰：

> 半壁东南三楚雄，刘郎死去霸图空。
> 尚余遗孽艰难甚，谁与斯人慷慨同！
> 塞上秋风悲战马，神州落日泣哀鸿。
> 几时痛饮黄龙酒，横揽江流一奠公？

黄兴诗云：

> 英雄无命哭刘郎，惨澹中原侠骨香。
> 我未吞胡恢汉业，君先悬首看吴荒。
> 啾啾赤子天何意，猎猎黄旗日有光。
> 眼底人才思国士，万方多难立苍茫。

孙中山素来视武装起义为推翻清朝统治的最主要手段，在起义地点的选择上，他侧重于西南边境一带。1907年3月，日本西园寺内阁应清政府之请，要求孙中山离开日本，孙中山于是偕胡汉民、汪精卫赴安南（今越南），在河内组织革命机关，联络会党。1907、1908两年间，在孙中山的策划和领导下，同盟会在两广和云南连续发动了六次武装起义。

1907年5月，潮州黄冈起义爆发。这次起义的主力是当地的三合会，许雪秋是他们的领导者。许雪秋（1875～1912），潮州海阳人，是侨居新加坡的富商，喜好结交江湖人士。1904年，他跑回潮汕地区酝酿起义，未果，重返南洋。1906年，孙中山在新加坡组建同盟会分会，许雪秋入会，孙中山想通过他来发动会党，就授给了他"中华国民军东军都督"的头衔。1907年初，许雪秋再赴潮州发动起义，又遭失败。孙中山于是指示他不要孟浪行事，应与惠、钦、廉地区同时起义。然而实际情形却不像设想的那样完美。潮州黄冈会党准备起义的消息已经走漏，清军开始捕人。余丑、陈涌波等会党首领认为不能坐以待毙，在5月22日晚宣布起义。起义军攻克了黄冈，旋即与清军展开激战。但终因寡不敌众，弹尽援绝，起义军只得于27日解散。事后许雪秋向孙中山报告起义的有关事宜，认为失败的原因在于起义军装备陈旧，如果能购得新式军械，他有把握在海陆丰一举成功。孙中山同意了他的计划，派船运送枪械到达汕尾海面。但由于许雪秋接应不周，被清军侦知，运械船被迫返回，海陆丰起义也就告吹了。此后，许雪秋受到部分同盟会员的诘难，逐渐游离于同盟会之外。

为了减轻潮州起义军的压力，6月初，邓子瑜领导惠州会党在七女湖起义。起义军来去飘忽，打了一些小胜仗。后来潮州起义军失败，清广东水师提督李准腾出手来，率优势兵力扑向七女湖一带。这支势单力孤的起义军，只得解散了。

　　1907年4月，广西钦州民众掀起了抗捐斗争，成立了一个叫"万人会"的组织，公推刘思裕做首领。两广总督周馥派巡防营统领郭人漳、新军标统赵声率军前往镇压。郭、赵二人都是同盟会会员，孙中山认为机不可失，一面派人与郭、赵联系，一面派人与刘思裕接洽，准备联合两方面的力量搞一个大动作。不料郭人漳派军剿灭了刘思裕领导的抗捐民团，孙中山只好暂时作罢，旋派黄兴、王和顺潜入钦、廉地区，准备再次起义。王和顺（1869~1934），广西邕宁人，曾是1903~1904年广西会党起义的首领之一。1907年在河内加入同盟会，孙中山委任他为"中华国民军南军都督"。

　　黄兴赴钦州郭人漳营中，劝说他响应起义，郭人漳应允。9月1日，王和顺率200余人在钦州王光山起义，4日，攻占防城，旋即率500人直逼钦州。但钦州城内尽管有黄兴多方努力，郭人漳还是不敢率部响应。王和顺只得率起义军转战他处，至9月中旬，弹尽援绝，王和顺潜回安南，部属暂时隐蔽在十万大山中。

　　在广东的几次失败丝毫没有改变孙中山的计划，他只是将活动的重心逐渐转向了与安南相邻的滇、桂两省，因为清政府在这两省的力量要相对薄弱一些。

　　孙中山派黄明堂、关仁甫到广西边境的镇南关（今友谊关）活动，黄、关二人通过会党的关系，秘密买通了镇南关的部分清军官兵。12月初，黄明堂率80余人袭击镇南关，守兵装模作样地抵抗一阵后投降，起义军占领了三个炮台。孙中山与黄兴、胡汉民等人亲赴镇南关，孙中山亲自发炮轰击清军阵地。清将陆荣廷等率优势兵力赶到，孙中山、黄兴等下山回河内组织援助工作。几天后，清军四面围住猛攻，黄明堂等人只得弃关而去。

法国驻安南的殖民当局对同盟会在安南的活动原是默许的，因为它想和革命党人拉拉关系，以便将来谋取在华南的利益。但1908年2月，由于安南境内发生大规模的抗税斗争，法殖民当局怀疑安南人民受到了中国革命党的鼓动，这个殖民政府索性送清政府一个人情，于3月将孙中山驱逐出境。孙中山虽走，但他已做好了安排：由胡汉民负责河内的机关，由黄兴负责在钦、廉地区再次举事，由黄明堂负责在云南河口组织起义。

3月底，黄兴率安南华侨200余人直逼钦州，一路披靡。4月初在马笃山击溃了清军的一个精锐营，取得了一个令革命党人十分振奋的胜利。起义军在钦、廉、上思一带转战40余天，打得清军统领郭人漳手忙脚乱，由于后援无继，弹药耗尽，黄兴最后只得将队伍解散。

4月底，黄明堂、关仁甫还是用老办法收买了部分清军，攻占了云南边境线上的河口镇。5月初，关仁甫率一军朝蒙自方向进攻，王和顺率一军沿铁路向昆明方向进攻。但这次起义的主力是反水的清军，黄明堂等人无力控制，黄兴赶到河口也无济于事。月末，起义失败。

同盟会发动的这六次起义,带有单纯的军事冒险性质,总想临时依靠会党或反水清军的力量来取得胜利,结果却是屡战屡败。革命党人从失败中吸取教训,开始把注意力转到运动新军方面。

2 光复会领导的武装起义

1905年同盟会成立后,虽然大部分光复会成员加入了同盟会,但他们在一些场合依旧打着光复会的旗号,保持着一定的独立性。1907~1908年间,当孙中山在西南边陲发动起义的时候,光复会的秋瑾、徐锡麟、熊成基等也先后在长江下游地区举事。

秋瑾(1875~1907),字璿卿,号竞雄,别署鉴湖女侠,浙江绍兴人。这位出身于官僚家庭的女革命家,年青时就与一般的官家小姐迥异,喜欢读书吟诗,骑马舞剑,英豪之气不让须眉。后来迫于父命,嫁给了一个浑浑噩噩的官僚子弟,不久随丈夫迁居京城。1904年,她与丈夫决裂,赴日留学,投身于革命运动,先后加入光复会和同盟会,并担任同盟会浙江分会的主盟人。秋瑾是近代中国妇女解放运动的先觉先导者,1906年,她在上海创办《中国女报》,鼓吹女权;她沉痛地说,在封建礼教束缚下的中国妇女是"一世的囚徒,半生的牛马"。她热切地呼喊:"难道我诸姊妹,真个安于牛马奴隶的生活,不思自拔么?"

1906年春天,秋瑾回国,在上海从事革命活动。1907年,她回到家乡绍兴,3月担任绍兴大通学堂督办。绍兴知府贵福为树立他"开明"的形象，对秋瑾等人比较客气，这样就为秋瑾暗中联络会党、运动军队的活动提供了条件。王金发、竺绍康、张恭等会党首领答应参加起义，唯秋瑾马首是瞻。秋瑾于是将会党分为八军，由远在安徽的徐锡麟任统领，她自任协领，各会党头头充任分统。他们计划首先在金华起义，吸引杭州清军，而后由绍兴方面的会党奔袭杭州；若拿不下杭州，则合军取道江西直逼安庆，和徐锡麟相呼应。起义的时间定在7月中旬，但发动起来的会党按捺不住，有一股人在台州先期行动起来。一时风声大紧，秋瑾一面决定提前起义，一面通知安庆方面的徐锡麟。

徐锡麟（1873～1907），字伯荪，出生在浙江绍兴的一个商人家庭，曾任绍兴府学堂副监督，1903年赴日游历，受到革命思想的影响；1904年冬在上海加入了光复会。不过徐锡麟没有参加同盟会，因为他觉得孙中山的三民主义不太合他的口味，他只热衷于民族主义。徐锡麟曾和陶成章等人商议，靠花钱捐官混入官场，谋取军权，然后在清政府内部闹革命。徐锡麟于是捐了个道员衔；又靠他的姻亲，原湖南巡抚俞廉三的推荐，骗得了安徽巡抚恩铭的信任，在安庆负责主办巡警学堂，不久又担任了安徽警察会办一职。徐锡麟虽然在安庆扎下了根，但他还没有来得及建立革命组织。1907年7月，徐锡麟得知浙江方面的起义计划败露，决定冒险一击。7月6日这天，巡警学堂举行毕业典礼，恩铭和其他省府要员前来检阅，徐锡麟双枪齐发，击倒恩铭，随后在陈伯平、马宗汉二人的协助下，率30多名学生冲出学堂，占领了军械局，几个小时之后失败，陈伯平战死，徐锡麟与马宗汉被捕。当晚，徐锡麟遇害。临刑前，他谈笑自如地说："功名富贵，非所快意，今日得此，死且不悔矣！"

秋瑾很快得知安庆事败的消息，她一面指挥遣散学生，一面与王金发商议，将起义时间改为7月18日。7月13日，大队清兵从杭州来到绍兴，有人劝秋瑾暂且避祸，秋瑾却决意一死。不久，贵福率清军包围大通学堂，秋瑾被捕。贵福等人三次提审秋瑾，结果都碰了一鼻子灰。秋瑾留下了"秋雨秋风愁煞人"的绝笔，在7月15日凌晨慨然赴死。

徐锡麟、秋瑾虽死，但他们的精神激励着后来者，就在第二年，熊成基又在安庆领导了一次新军起义。熊成基（1887～1910），字味根，江苏扬州人，光复会会员。1904年考入安徽武备学堂练军班，结识倪映典、柏文蔚、范传甲，加入了岳王会。1905年又到南京的江南炮兵速成学堂学习，毕业后在南京新军中任排长。1907年调回安庆，不久任炮营左队队官（相当于连长）。由于倪映典等人策划起义不慎泄密，只得南逃，熊成基因此成为岳王会的负责人。

1908年，清廷调集沿江各省新军在安徽太湖县举行秋操，革命党人决定乘机发动起义。这年11月，光绪和慈禧相继死去，安徽、江浙一带的革命党觉得这是千载难逢的良机，议定各地同期举事。

11月19日，熊成基、范传甲等人密商，决定当晚

10时起义,先占安庆,然后奔袭太湖,控制会操新军,夺占南京,以此为根据地发军北伐。熊成基被推为总司令。是夜,安庆城外的炮队和马营按期发动,在熊成基的率领下猛力攻城。但城内清军防守很严,原来议定负责打开城门的薛哲胆小,他率百余人冲到北门,一看有清军巡防营把守,就慌忙后撤。范传甲又被监视,无法行动。得不到城内的接应,城外起义军围攻一昼夜没有进展,清援兵将到,熊成基只好率队伍向集贤关方向退却。城内的范传甲闻讯悲愤难当,谋刺清军的一个协统,不幸被捕遇害。

熊成基率军直逼庐州,打算在那里立足,联络皖北会党,然后北伐。一路清军尾追而来,起义军损失很大,到达庐州时仅剩下百余人,而且有人准备通敌,甚至有人要谋害熊成基。21岁的熊成基毕竟太年轻了,他控制不了这支部队,不得不悄然离去。起义军群龙无首,很快逃散。

1909年初,熊成基东渡日本,加入同盟会。同年9月潜回东北。1910年1月底因人出卖被捕,2月末遇害。这位年轻的革命者在狱中写了一段令后继者血热的话:"我今日早死一日,我们自由之树早得一日鲜血;早得血一日,则早茂盛一日,花方早放一日。"

8 广州新军起义与黄花岗起义

西南边境的六次起义失败后,孙中山在安南、日本、香港都不能自由居住,失去了就近指挥国内革命运动的依托,于是在1909年5月中旬由新加坡启程远赴欧美,打算筹一笔巨款来接济革命。临行前,孙中山委托黄兴、胡汉民负责国内的革命事宜。这年10月,黄兴、胡汉民等人在香港组建同盟会南方支部,由胡汉民任支部长,作为领导南方革命的总机关,并在广州建立分会,着手筹备运动广州新军起义。倪映典、朱执信等人在广州三个标的新军中宣传鼓动,使新军中3000余人加入了同盟会。

倪映典(1885~1910),字炳章,安徽合肥人,岳王会会员。1908年在安庆任炮营管带,策划起义,事泄后南下广州,在新军中任炮兵排长。同盟会南方支部成立后,他担任了运动新军总主任。

到了1910年1月,起义的准备工作基本就绪,新军已运动成熟,广州周围的会党也答应届时响应。黄兴、赵声和谭人凤等抵达香港,拟就近指挥,起义经费也有了着落,南方支部决定在正月十五元宵节发动起义。就在长剑即将出鞘的时候,形势急转直下。2月8日,新军一标的一个队官发现了士兵参加同盟会的证书,两广总督袁树勋闻讯下令将配备各标的子弹秘运入城,严防意外。2月9日除夕这天,二标几个士兵在城隍庙与警察发生冲突,警察捕去其中一人。新军被激怒了,第二天,数百新军持枪入城,捣毁警局数处。清政府两广当局警觉起来,准备向新军开刀。倪映典见事势至此,决定提前发动起义。12日晨,他率新军千余人宣布起义,向省城进攻。起义军与李准率领的巡防营在沙河一带对峙,倪映典轻信李准手下一名军官（此人系同盟会会员）的话，被诱入敌营，遭乱枪打死。倪映典牺牲后，新军发动猛攻，终因子弹匮乏，被迫退却。次日晨，起义新军溃败，参加起义的新军死伤和被捕300余人。此后，广州新军被清政府严密地监控起来。

此时孙中山正在美国旧金山活动，他和美国人荷马李、布斯接洽，委托布斯为海外财务代办，打算通过他向美国财团借款350万美元。听到广州新军起义失败的消息后，孙中山取道檀香山东归，6月与黄兴、赵声、宋教仁等人在日本密晤，讨论革命形势，交换对重大问题的看法，制订以后的方针大计。孙中山主张在广东卷土重来；黄兴则认为广东革命势力元气大伤，不易再举，建议联络云南的新军起义。但黄兴对云南做了一番实地考察之后，发现云南交通困难，得出了"经营十个云南，不如经营一个广东"的结论，因此也同意在广州再次发动起义。

11月中旬，孙中山在槟榔屿召集秘密会议，黄兴、胡汉民、赵声、谢良牧、邓泽如等国内及南洋各埠代表参加了会议，南洋光复会领导人李燮和也应邀出席。接二连三遭受失败的打击，加上经费奇缺，连吃饭问题也有困难，一些革命党人因此情绪低落。孙中山后来描绘当时情形说："举目前途，众有忧色。询及将来计划，莫不唏嘘太息，相视无言。"豁达乐观的孙中山鼓励众人振作精神，他说："今日吾辈虽穷，而革命之风潮已盛，华侨之思想已开，从今而后，只虑吾人之无计划、无勇气耳！"

会上大家总结了以往起义的经验教训，拟定了在广州发动起义的计划。鉴于以往经费不足、临事掣肘的教训，决定此次筹款10万元。同时鉴于以往运动会党和新军起义均告失败，决定在各地同盟会会员中挑选500人（后来增至800人）作为发难的先锋，由新军和会党响应。会上还决定一旦夺占广州，即由黄兴统领一军出击湘、鄂，赵声统领一军取道江西进攻南京。

会后孙中山派赵声前往香港联络广州新军，黄兴、胡汉民分赴南洋各埠筹款。不久，孙中山也离开槟榔屿赴美，鼓动华侨踊跃捐款。然而，筹款工作进展得并不顺利，一些财力雄厚的华侨资本家对革命漠不关心，黄兴等人经常碰壁，甚至遭人责骂。但华侨中踊跃捐款的人也很多，甚至有人不惜毁家来接济革命党。至起义前夕，大约筹得18万元。

1911年1月18日，黄兴从南洋回到香港，主持广州起义的筹备工作。月底在跑马地成立统筹部，黄兴任部长，赵声任副部长。统筹部下设调度、储备、交通、秘书、编辑、出纳、总务、调查各课，由姚雨平、胡毅生、赵声、胡汉民、陈炯明、李海云、洪承点、罗织扬分任课长。随后又在广州设立了多处秘密据点。到4月初准备工作大体就绪，黄兴等决定于4月13日发动起义。后来因为发生温生才刺杀广州将军孚琦事件，清政府广州当局戒备森严，而且款项和枪械也未能及时运到，只得将起义日期后延。参加起义的人员陆续潜入广州城中，枪械也分批巧妙地运进广州，只待发动起义了。

4月23日，黄兴秘密潜入广州，在越华街小东营五号设立起义总指挥部,着手部署军事行动。这次起义原计划由赵声任总指挥,黄兴任副总指挥,但因为赵声长期在广州活动,为清政府广州当局所熟悉,不便抛头露面,黄兴决定亲自进入险境,指挥起义。临行前,黄兴分别致书孙中山、邓泽如、梅培臣等人,表示要"身先士卒,努力杀贼"。黄兴与姚雨平、陈炯明、胡毅生等人商议决定在4月27日起义。

由于革命党人在海外筹款的声势搞得很大,清廷发觉同盟会近期内会有所行动,电令两广当局严防,加上大批进入广州城的"选锋"都是外地人,容易暴露。4月25日,两广总督张鸣岐和水师提督调巡防营入城,加强戒备,观音山等要地均有清兵把守。与此同时,清吏加紧搜捕革命党,破获了几处机关。一时间风声鹤唳、情势危迫,陈炯明、胡毅生等人胆怯动摇,建议改期起义,而林文、喻培伦等人坚决反对,他们认为敌人的屠刀已经举起来了,起义不但不能缓期,还应当速发,否则同志们会无谓牺牲。黄兴深知一旦延期,将意味着前功尽弃;但陈炯明、胡毅生等人是起义的主要领导成员,许多"选锋"都是他们出面召集的,因此对于陈、胡等人的怯懦,黄兴既感痛心又有些莫可奈何。最后黄兴决定将大部人马解散,由他亲率少部分敢死队员袭击总督署,目的在于以死答谢海内外支持起义的仁人志士。当晚,黄兴电告香港方面的胡汉民说"省城疫发,儿女勿回家",阻止香港的革命党人赴广州。

但是第二天情况发生了一点变化,一支巡防营自顺德开到广州近郊，其中部分官兵和革命党早有联系，陈炯明等人觉得有把握策动这支清军反水，胆量壮了许多，建议起义按期举行。黄兴也觉得成功有望，当晚电告胡汉民："母病稍痊，须购通草来"，要求滞港敢死队员速赴广州。但实际上这批人已经来不及赶到广州了。由于部分人员已退出广州，不宜再将起义的摊子摆得过大，黄兴遂将原定十路进攻的计划改为四路进攻：黄兴亲率一部攻袭两广总督署；姚雨平率一部攻小北门，接应新军和那支巡防营入城；陈炯明率一部攻巡警教练所；胡毅生率一部攻南大门。

4月21日下午5时半，黄兴率160多名敢死队员由小东营出发奔袭总督署，他们臂缠白巾，手执枪械炸弹，疾行而前。但他们扑了个空，总督张鸣岐已经逃往水师行台。黄兴率队退出总督署，即与李准督率的大队清军遭遇，激战中，革命党人牺牲数人，黄兴的右手中弹，断两指。黄兴即将所部分为三路行动，进攻督练公所、小北门和南大门。黄兴率方声洞、朱执信等人出南大门，在双门底碰巧遇上那支答应反水的巡防营，但这支队伍的官兵没有配戴起义标志。方声洞发觉情况有异，率先开火，双方立即对射起来，起义军很快被打散了。黄兴且战且走，避入一家米店，倚门双枪齐发，击退追来的清兵。在店主的帮助下，他安全转移到城内女同盟会员徐宗汉所在的秘密据点。其他两路打得也很顽强，喻培伦胸前挂着一筐炸弹，边冲边扔，直至弹尽被俘，由于寡不敌众，这两路也很快被打散了。

除了黄兴率领的一部发动外，其他三部却未见动静，陈炯明、胡毅生、姚雨平三个指挥官逃的逃，藏的藏，不见踪影。

这次起义中战死和被俘后遇害的革命党人很多，事后广州的一位革命志士潘达微收殓了七十二具烈士遗骸，将他们合葬于城郊的红花岗，并易其名为黄花岗。因此，这次起义史称"黄花岗起义"，又因为起义那天是阴历三月二十九日，所以又叫"广州三二九起义"。

参加起义的绝大部分革命党人很英勇，面对与亲人的生离死别，面对死亡，他们充分显示了革命英雄的本色。林觉民在起义前给他有孕在身的妻子写了一封诀别的信。在信中，他说："吾至爱汝，即此爱汝一念，使吾勇于就死也。吾自遇汝以来，常愿天下有情人都成眷属。然遍地腥云，满街狼犬，称心快意，几家能够！……吾充吾爱汝之心，助天下人爱其所爱，所以敢先汝而死，不顾汝也。汝体吾此心于啼泣之余，亦以天下人为念，当亦乐牺牲吾身与汝身之福利，为天下人谋求福也。汝其勿悲！"林觉民被俘后，当着张鸣岐、李准等清吏的面，慷慨演说革命，数日后从容就死。冯超骧参加起义前，父亲病重不起，他踌躇再三，最后决定赶赴广州。他说："国事公也，家事私也……吾宁受负父之大罪，不能失此千载一时之机，而终为亡国奴也。"在旅途中，他得知父亲去世的噩耗，悲痛不已，但依然前往参加起义。后来他在起义中奋勇杀敌，受伤十余处而亡。烈士方声洞在写给他父亲的绝笔中说："男儿在世，不能建功立业以强祖国,使同胞享幸福,虽奋斗而死,亦大乐也;且为祖国而死,亦义所应尔也……对于家庭,本有应尽之责任,只以国家不能保,则身家亦不能保,即为身家计,亦不能不于死中求生也。儿今日极力驱满,尽国家之责任者,亦即所以保卫身家也。"对于这次起义中殉难的英雄们,人们永志难忘,正如孙中山为黄花岗烈士墓的题词所言,他们"浩气长存"!

尽管这次起义失败了,但它的历史功绩是伟大的。自从1908年云南河口起义失败后,近三年时间里同盟会很少发动武装起义,因而黄花岗起义具有振奋人心的作用,实际上是随后而来的革命高潮的前奏曲。清朝统治者好像轻而易举地镇压了这次起义,但他们在精神上已被击垮了,成为惊弓之鸟。张鸣岐吓破了胆,三次电告各省督抚,要他们小心提防。武昌起义爆发后,清吏或走或降,多少与他们的这种恐惧心理有关。

但这次起义的失败,对革命者的打击也是沉重的。由于同盟会领导人抱着破釜沉舟、与清朝统治者最后一搏的决心,他们事先做了周密的准备工作,调动了所能调动的人力财力,然而结果却令人失望。孙中山说:"吾党菁华,付之一炬。"一时间,悲观绝望的气氛很浓,一些革命者觉得走到了山穷水尽的地步,或者想铤而走险,或者意志消沉。黄兴在徐宗汉等人的帮助下逃到香港,心情一度非常沮丧。他在写给朋友的信中说:"良友尽死,弟独归来,何面目见公等?"他将满腔怒火集中在少数几个清朝大员身上,先是决意孤身前去暗杀李准,后来又组织了一个暗杀团。赵声也是忧愤交集，时时悲歌，不久抱病而殒。另一位重要负责人胡汉民深居简出，一段时间内怯于任事。

为什么这次看起来准备很充分的起义还是失败了呢？起义的亲历者黄兴等把失败的原因归结于用人不当、起义日期一变再变、事机泄漏等偶然因素上。不能否认，这些都是导致失败的因素。但最根本的原因在于起义没有发动和依靠群众的力量，而采取单纯的军事冒险活动。这些资产阶级、小资产阶级的革命者热情很高，也很有勇气，但他们轻视群众的力量，不愿意或者没有意识到群众中需做长期的、细致的发动工作；对会党、对新军，还谈不上用革命思想去武装，带有临时利用的倾向。他们缺乏革命的坚韧性，总想找一条快捷的道路来实现目标：今天发动起义，明天就取得胜利，这是他们所渴望的。黄花岗起义想依靠数百名"选锋"在敌方实力雄厚的广州城打开局面，这本身就是冒险，在起义未发动之时，就埋下了失败的祸根。他们始终把起义地点放在华南边境一带，而没有从多次失败的事实中总结必要的教训。当黄兴等人情绪沮丧、悲观失望的时候，在长江流域，在华中的湖北，基层的革命党人正在发挥革命的主动精神，积极组织力量，酝酿在时机成熟时发动起义。

4　革命党人的暗杀活动

在发动一连串武装起义的同时，一些革命党人也进行过频繁的暗杀活动。中国自古以来，刺客常常被视为行侠仗义、除暴安良的英雄,"风萧萧兮易水寒,壮士一去兮不复还"的荆轲,不知成为多少人效法的榜样。20世纪初,无政府主义通过留日学生传入中国,俄国虚无党人暗杀沙皇的活动在一些革命党人中产生了影响。1900年史坚如谋炸两广总督德寿,是资产阶级革命党人暗杀活动的开端。同盟会成立前,无论是在日本的留学生,还是国内的革命者,都建立了一些暗杀团体进行暗杀活动,仅在1904年就发生了三起影响很大的暗杀事件:易本羲在南京谋刺清户部侍郎铁良,王汉在河南彰德火车站谋刺铁良,万福华在上海枪击前广西巡抚王之春。

1905年同盟会成立后,一直把武装斗争作为推翻清朝统治最主要的武器,但革命党人依旧没有放弃暗杀活动。1905年9月,吴樾谋炸出国考察宪政的五大臣,由于炸弹受到震动爆炸过早,只炸伤了五大臣中的两人,而吴樾却当场牺牲。吴樾的这次行动和同盟会并没有直接的联系。此后五六年时间里,暗杀事件接连发生。

同盟会为顺利发动武装起义,有组织地进行过一些暗杀活动,目的在于除去一两个清朝大吏,减少起义的阻力。1907年6月,为配合潮惠起义,胡汉民等决定刺杀李准,刘思复奉命前往广州行动,不料在装配炸弹时发生爆炸,刘思复重伤被捕,两年后被营救出狱,从此易名刘复生。

但很大一部分暗杀活动,则是革命者在武装起义屡屡失败后,或者是为报仇雪恨进行的,或者是因为悲观失望，铤而走险。孙中山在西南发动的六次起义失败后，部分同盟会员渐渐失去了革命的锐气，同盟会内部也矛盾重重。汪精卫十分灰心，在1910年初抱着拼命的决心入京谋刺摄政王载沣，4月被捕入狱。汪精卫在狱中赋诗明志，只求一死。但清政府出于收买人心的考虑，并没有让他做断头英雄，后来这位革命健将也逐渐软化下来了。

　　黄兴本来对暗杀活动抱有兴趣，黄花岗起义失败后，他蛰居香港，觉得愧对死难同志，愧对海外热心捐款的侨胞，决心以死一拼张鸣岐、李准，后来接受孙中山等人的劝告，放弃了个人暗杀计划，转而组织了一个东方暗杀团。1911年10月25日，在黄兴的策划下，炸毙新任广州将军凤山。这次行动的具体执行者是一个名叫李沛基的少年。革命党人将一颗大炸弹系在一家商店的窗户上，仅留李沛基一人守候，商店前面那条街是凤山的必经之路，当凤山被卫队簇拥着经过店前时，李沛基割断绳子，炸弹滚落下去，一声巨响，凤山当即毙命。李沛基也被震倒在地，他站起来拍拍身上的灰土，在混乱中扬长而去。

　　尽管暗杀活动时有发生，但从总体上看，资产阶级革命派从来没有把它作为斗争的主要手段，当时革命的主流还是屡败屡起的武装起义。革命领袖孙中山对于暗杀行动是持否定态度的。

五 保路运动和武昌首义

清政府铁路政策的转变

在清朝统治的最后10年里,铁路问题一直是各种矛盾集中的焦点之一。1903年11月,清廷颁布了一个《铁路简明章程》,准允商办铁路。一时间全国各地冒出了许多商办铁路公司,兴起了收回路权的热潮。但这并不意味着清政府真心诚意地让利于民,它的这步棋走得很有深意。第一,为了稳固统治基础,清政府想笼络住正在成长之中的民族资产阶级,把商办铁路作为一个绣球抛向他们。如果商办铁路卓有成效,它可以从中分利;如果商办铁路起色不大,它可以重新收回权利,而且还堵住了民族资产阶级那张吵闹的嘴。第二,清政府可以由此打出一张民众牌,在铁路问题上与帝国主义稍稍讲点价钱,从老虎嘴中抠出一点残渣。但它还没有胆量和能力对列强说"不",在允许商办铁路的同时,依旧借款筑路。

但是商办铁路的政策并没有让清政府立即尝到实际的甜头,反而是引火烧身。一方面,各地争路运动迭起，民众纷纷汇入斗争的洪流。这种局面使清朝统治者深感恐惧，他们担心革命派会乘机发起大规模的群众暴动。一个退休在家的老官僚王文韶上奏说："东南伏莽未靖，奸党勾结，时思窃发。自闻借款之信，众情胥愤，力谋抵制……设有不逞之徒，从中煽惑，隐患何堪设想！"这个王文韶道出了当时统治者的心态。另一方面，列强频频向清政府施加压力。商办铁路和争路运动限制、打击了列强在华利益，这使它们非常忌恨。一些国际财团的巨头，一边指责清政府的铁路政策，一边大造中国铁路非借款不能办的舆论。

另外，巨额的赔款和筹办新政使清政府的财政年年亏空，几乎走到了山穷水尽的地步。如果一味地加捐增税，势必激起民众的强烈反抗。它急需寻找新的财源。清政府此时对铁路已经重视起来了，外国资本在华经营铁路所取得的优厚利润，让清朝统治者惊羡不已。譬如德国人经营的胶济铁路在1910年收入是370万元，相当于清政府当年财政收入的1/80。所以在清朝统治的最后几年里，当政者把借款修路视为开辟财源的一大门径；商办铁路成为横亘在他们面前的一大障碍，免不了要被他们想尽办法除去。

1908年，清政府迈出了官夺商路的第一步。清廷谕令邮传部查验各省商办铁路工程，要求各路限期完工，若资金不足、管理混乱，则撤销原商办方案。这年夏天，清廷谕令前一年调任军机大臣的张之洞兼充粤汉铁路督办大臣，几个月后，又令他兼督鄂境内的川汉铁路。张之洞做了将近20年的湖广总督，在清末政坛上声望很高,他素来鼓吹官办铁路。清廷的此项举措,显然是要拿粤汉、川汉两路开刀了。张之洞鼓吹官办铁路,并非真的要官办,依然是借款筑路的老路子。1909年6月,他与英国的汇丰银行、德国的德华银行和法国的东方汇理银行签订了湖广铁路(两湖境内粤汉路、鄂境内川汉路)借款草约。美国经过多方钻营,也在次年5月参加了这项借款协议,三国银行团变成了四国银行团,600万英镑的借款由四国平均分摊。

1910年下半年,部分地方督抚展开了一场"借款筑路问题"的大讨论。东三省总督锡良、湖广总督瑞澂联名上奏,认为借款筑路是"我国第一救亡政策"。锡良、瑞澂二人在满洲贵族中素以"开明"著称,深得朝廷倚重,他们的话很合清廷的胃口。1911年1月,清廷补授邮传部右侍郎盛宣怀为邮传部尚书,着手准备改变铁路政策。5月5日,盛宣怀指使给事中石长信上折,攻击商办铁路,提出"明定干路为国有"的办法。邮传部也紧跟着上奏,恳请将"干路收归国有"。5月9日,清廷传下谕旨,宣布"干路均归国有,定为政策"。粤汉、川汉两路是清廷要打的出头鸟,5月中旬,端方被任命为督办粤汉、川汉铁路大臣,负责两路的接收事宜。5月20日,盛宣怀与英、美、德、法四国银行团正式签订《湖北、湖南两省境内粤汉铁路、湖北省境内川汉铁路借款合同》。这个合同揭示了清政府的"干路国有"政策实质上没有摆脱帝国主义垄断资本对中国铁路的控制。

② 保路运动的勃发

清政府铁路政策的转变，严重损害了各省绅商民的直接利益，于是保路的风潮如火燎原，清朝统治者渐渐控制不住局面了。而由立宪派把持的各省谘议局则充当了这场运动的领导核心。

在帝国主义攫夺路权的刺激下，湖南的保路运动从1909年6月起迅猛发展。1909年11月，股东发起会成立，由谭延闿等人出任办事员；1911年4月，湘路协赞会成立。商办湘路自1909年8月动工后，工程进展顺利，到1910年9月，长沙至株洲的铁路贯通。当铁路国有的消息传至长沙时，人心大愤，保路运动走向高潮。1911年5月14日，湖南各界在教育总会召开全体大会，反对铁路国有政策，要求湖南巡抚杨文鼎代奏，希望清廷收回成命。同时，湘路公司长株段的万余名工人也涌进长沙城，声称："如抚台不允上奏挽回，商须罢市，学须停课，一般人民须抗租税。"在民众的压力下，杨文鼎代谘议局上奏了一个措词强硬的折子，但立即遭到清廷的严旨申饬。长沙各校因此相继罢课，以示抗议。但领导这次运动的谘议局却软化下来，议长谭延闿此时居留北京，他不再倡言保路，而且成为卖路祸首盛宣怀的坐上宾。这年秋天，湖南保路运动渐趋低落，部分原因是由于清政府答允商股如数发还现银，他项路股则换成国路保利股票。

清廷颁布"干路国有"上谕的这一天，湖北谘议局恰好召开军、商、学界会议讨论借款问题,与会者痛陈借款筑路的弊端,指斥盛宣怀的罪状。不久,谘议局议长汤化龙入京拒款争路。在饯别会上,有人赫然说:"如腐败政府不允人民所请,不如推翻腐败政府。"革命党人詹大悲在《大江报》上发表《大乱者,救中国之药石也》一文,倡言革命。湖广总督瑞澂查封了《大江报》,并捕去詹大悲和他的助手何海鸣。由于湖北商办铁路公司集股不多,成效也不大,加上清政府答允收购商股,湖北的保路运动也渐渐偃旗息鼓了。

"干路国有"政策在广东也引起了民众的反抗。6月6日,广东粤汉铁路公司举行股东大会,要求清政府撤销所谓"国有"的命令,坚决执行商办方案。由于两广总督张鸣岐横加干预,激起了民众的更大义愤,招来了一场挤兑白银的金融危机。民众相约不用官方纸币,纷纷挤兑白银,狠狠地给了张鸣岐一点颜色。广东当局的高压政策,使广东保路运动的中心转至香港,9月3日,广东保路会在香港成立。由于许多海外华侨持有粤路的股票,因此广东保路运动也在海外华侨中得到较大反响。

"干路国有"政策在四川犹如一块巨石投入表面平静的湖水中,激起了千层浪。1903年,由当时的四川总督锡良出面创设了四川川汉铁路公司,这个官办性质的公司经营了三年,成效甚微,引起四川绅民的老大不满。经过多方争取,在1907年改归商办,但把持公司的仍旧是一帮与官府有密切联系的绅士。之所以不能斩断与官方的瓜葛,主要是因为该公司的资金需仰仗官力来筹措。四川路股中最大的一项就是所谓"租股",当时规定四川境内凡收租在10石以上者,均按该年实收之数值百抽三。显然这种募股的办法不靠官方的强制是无法做到的。但这样一来,四川大大小小的地主形式上都做了公司的股东,地主又把一部分负担转嫁到普通农民的头上,使农民与公司的利益发生了丝丝缕缕的牵扯。当时流传的一首歌谣说:

> 自从光绪二十八年把路办,银子凑了万万千;也有官的商的款,也有土药烟灯捐;最可怜的庄稼汉,一两粮也出这项钱。要办路因为哪一件?怕的是外国占路权。

正是因为存在着广泛的社会基础,所以保路运动在四川得以蓬勃展开。

四川省的立宪派,除少数人外,起初对"干路国有"政策并不十分抵制,他们真正关心的是路款问题。名绅邓孝可在《蜀报》上发表文章,主张不必去争论"国有"还是"商有",只要政府收回铁路后能迅速完工,未尝不是件好事;同时又可以将现有的路款用作发展四川实业和教育的基金。邓孝可的观点,道出了四川立宪派的心声。他们向清政府再明白不过地表示:只要在路款方面不损害我们的利益,至于"干路国有"政策,我们是不会反对的。这些绅士之所以视路款为命根子,一方面是不甘心拱手交出这个财源;另一方面是怕清理账目,败露公司财政上的种种弊端,无法向四川的父老乡亲交代。但是清廷的种种举措如当头的棒击，粉碎了他们的一点点幻想。邮传部尚书盛宣怀接二连三地电告四川总督，要求停收各种路股、彻查公司账目。6月1日，盛宣怀又和新任督办粤汉、川汉铁路大臣端方联名致电川督，告以处理路款的办法，大意是：已用和未用的路款一律换发给国有铁路股票，概不退还现款；如果川人要求退还现款，则政府将以四川财政为抵押来借洋债，否则无法筹到足够的款项；另外，还不允许川人提取路款从事他项实业。这就是所谓的"歌电"。护理川督王人文怕激起川人义愤，没有马上公开"歌电"，10天以后才抄示铁路公司。

清廷收路兼夺款的举措把四川立宪派逼到了墙角，他们开始反击。6月13日，四国借款合同传至成都，他们立即予以逐条驳斥，指责所谓"国有"不过是借款卖路的行径而已。6月17日，铁路公司举行第七次股东会议，实际上成都各界的头面人物都列席了会议，许多民众也闻讯而来。在谘议局绅士的倡导下，成立了川汉铁路的"保路同志会"，谘议局议长蒲殿俊被推举为会长，谘议局副议长罗纶做了副会长。会后人们涌向总督衙门向护理川督王人文请愿，要求代奏民情。王人文是一个颇为开通的官吏，并且对保路运动颇表支持。三天后，他据实上奏，并严参盛宣怀，指斥他欺君误国，恳请朝廷严惩盛宣怀，以息天下民愤。几天以后，王人文再次上奏，报告川省的保路情形，并自请处分。清廷对这样一位不太听话而又显得软弱的疆臣很不满意，决定调川、滇边务大臣赵尔丰任四川总督,将王人文革职。赵尔丰素有"屠户"之称,他的走马上任,预示着血雨腥风的到来。

立宪派的绅士并不愿意见到下层群众骚动的局面,他们力求把保路限于"文明"的范围内,小心翼翼地把斗争的矛头仅仅指向盛宣怀一人,又规定不准罢市、罢课,不准反抗官府、打教堂。他们派刘声元入京活动,派萧湘、陈育、白坚、龚焕辰等人分赴沪、湘、鄂、粤等地联络。刘声元在京师辗转于各大衙门、王公府邸间,哀恳当权者给川路一线生机。但是他的眼泪并不能打动载沣等人,结果被递解回川。其他几人也或者被拘禁,或者无功而返。

8月初,各州县股东代表齐集成都,召开了特别股东大会,成立了由颜楷、张澜任正、副会长的股东会。股东会决定继续招股,以还击清廷停招租役的旨令。不久,盛宣怀、端方暗中拉拢宜昌铁路总理李稷勋,将宜归段的路权无形之中夺去。消息传来,群情激愤,保路运动又向前进了一大步。尽管立宪派显得有些畏首畏尾,但市民已经行动起来了。8月下旬,成都商民首起罢市,罢市的风潮迅速波及全川。同时,各学校也开始罢课。立宪派担心会酿起暴乱,他们一面协助赵尔丰维持秩序,一面要求市民扎起光绪皇帝的灵位,左右两边写上"庶政公诸舆论,川路准归商办"的对联,让市民早晚跪拜。立宪派想借此来洗刷自己"犯上作乱"的罪名,同时约束群众的行动。但这一招给群众的行动披上了合法的外衣,有利于斗争的发展。

盛宣怀、端方及湖广总督瑞澂接连上奏指责赵尔丰庸懦无能，清廷一面下旨严厉申饬赵尔丰，一面命端方率湖北新军一部入川弹压。赵尔丰立即显出了他的"屠户"真面目。9月7日，他将立宪派的首要人物蒲殿俊、罗纶、邓孝可、张澜、江三乘、王铭新、叶秉诚、彭芬诱入督署软禁起来。成都民众闻讯而动，成千的人涌向督署，要求释放被捕诸人。赵尔丰先令机枪扫射，继令马队来回冲踏，死难者达32人。

成都惨案的发生，立即点燃了四川人民武装起义的烈焰。在同盟会和哥老会的领导下，各路民军（亦称保路同志军）直逼成都。同盟会会员龙鸣剑、王天杰起兵荣县，突入资州，昼夜兼程攻向成都；哥老会著名首领秦载赓、侯宝斋各率华阳、新津所部，驰赴成都。民军围攻成都失利，复转战各地，渐渐集结成东、南两路大军。东路由秦载赓、王天杰统率，南路由侯宝斋、周鸿勋统率。9月下旬，吴玉章、王天杰策划了荣县独立，为东路民军建立了一个可供依托的根据地。清政府在四川已陷入四面楚歌的境地。赵尔丰坐困危城，一筹莫展。端方率领的湖北新军中，伏有众多的革命分子，11月下旬，他在四川资州被革命的士兵处死。

四川的保路运动打乱了清政府在长江中上游地区的阵脚，为武昌起义制造了一个绝好的契机。

武昌首义的成功

湖北的革命团体一贯进行着扎实而深入的群众工作，尤其注重运动新军。科学补习所因受华兴会起义失败的牵连，被迫中止活动，但革命工作并未因此停顿。张难先、胡瑛、刘静庵等革命者纷纷入新军当兵，一面宣传革命思想，一面发展组织。1905年，刘静庵离开军队，做了一个教会阅览室日知会的主持人，渐渐地在他周围集结了一批革命同志，成立了一个以日知会为名的秘密团体。1906年湘赣边境起义失败后，日知会也败露了，刘静庵被捕，这位坚贞的革命者在武昌起义前夕病死狱中。日知会虽被查封，但它撒下的革命种子在顽强地生根发芽。1908年7月，一批倾向革命的士兵组织起湖北军队同盟会，这个团体虽然只存在了五个月，但再度引发了新军士兵的革命热情。这年12月，杨王鹏、钟琦等人发起成立群治学社。1910年，湖南发生抢米风潮，传言长沙已被革命党控制，群治学社谋划起义响应，风声外泄，这个团体难以开展活动。杨王鹏等人毫不气馁，又在9月组织起了振武学社，不久振武学社的活动被第二十一混成协协统黎元洪察觉。黎元洪不愿扩大事态，将杨王鹏等人开除了事，振武学社转由蒋翊武主持。

为避免清吏的注意，蒋翊武决定以研究文学为名成立一个文学社。1911年初，文学社正式成立，蒋翊武任社长，詹大悲、刘复基等人分任各部负责人。文学社继续在新军中积极活动，并以詹大悲主编的《大江报》为宣传的号角，传播革命思想。到7月止，文学社在新军中已经发展了3000名社员。

湖北共进会是当时的又一重要革命团体。同盟会成立后，孙中山致力于在南方边境地区发动起义，而不太重视在长江流域搞武装斗争,这就使得部分长江流域省份的同盟会员心怀怨气。1907年8月,张伯祥、居正、刘公、焦达峰、陈作新、邓文辉等在日本成立了共进会。共进会的宗旨和三民主义有些不同,它并不注重民权主义和民生主义,仅仅突出民族主义,而且还把同盟会誓词里的"平均地权"改为"平均人权"。共进会之所以做如此变动,是想以排满为号召,博得社会各阶层的广泛支持;因为在他们看来,民权主义和民生主义暂时还只是一种美好的理想。1909年初,共进会的骨干孙武、焦达峰回到武汉,着手联络会党,很快组织了五支以刘公为大都督的会党军队,准备发动起义。但这几支小规模的会党军队并不能互为声援,相继失败,孙武不得不暂时作罢,离鄂赴粤。1910年夏,孙武返回武汉,适逢刘公从日本归来,于是第二年初,他们在武昌胭脂巷24号设立秘密机关,把工作的重心从联络会党转到运动新军上,由会员邓玉麟出面开了一家同兴酒楼,专事联络新军士兵。共进会很快就在新军中发展了2000名会员。

尽管文学社和共进会有着相同的革命目标,但开始的时候两个团体之间并不互通声息。文学社的负责人主要是出身贫寒的士兵,共进会的首领多是富家子弟和留日学生,他们之间不可避免地存在着分歧和隔膜。黄花岗起义失败后,两团体都想在长江流域策动起义,打开一个新局面,双方渐渐感到需要联合行动。1911年5月11日,两团体的代表举行了第一次磋商,迈出了合作的第一步。由于双方在联合后领导人选问题上各不相让,联合的协议还不能最后达成。

当时,在革命的方略问题上,同盟会内部也存在着分歧。孙中山执著于在南方边境地区发动起义,而且起义总是旋起旋败,引起了相当一部分干部的不满。1910年,宋教仁在日本提出了著名的革命三策,他认为在京城和北方举事是上策,在长江流域举事是中策,而在边地举事是下策。他的中策得到了许多同志的赞同。这一时期东京同盟会总部实际上形同涣散。黄花岗起义失败后,同盟会南方支部也元气大损,几个主要领导人一时还不能走出失败的阴影。长江流域革命形势的发展,使部分同盟会员迫切感到需要建立一个领导机关。1911年7月31日,宋教仁、谭人凤、陈其美等人在上海成立了同盟会中部总会,他们发表宣言,认为以往历次起义失败的原因在于"有共同之宗旨,而无共同之计划;有切实之人才,而无切实之组织"。宣言中称"奉东京本部为主体,认南部分会为友邦"。同盟会中部总会的总部设在上海,并先后在湖北、湖南、安徽、四川设立了分会。中部总会的主要领导人宋教仁很重视武汉三镇的革命工作,武汉三镇是九省通衢之所,在这里起义可以收到"牵一发而动全身"的效果,而且这里的革命力量也相对雄厚。中部总会成立后,谭人凤溯江而上至武昌,与居正一起做文学社和共进会的工作,促进它们的联合。

四川保路运动的迅猛发展,迫使清廷命令端方率湖北新军第三十一标及第三十二标所属一个营入川,不久,又将第四十一标调赴宜昌、沙市、襄阳一带。

新军的陆续外调使武汉三镇的革命党人心忧如焚,他们深知起义的绝好时机就在眼前,而新军一部分一部分地调走,会严重削弱革命的力量。在这种情况下,文学社和共进会迅速联合,1911年9月中旬,它们共同派居正和杨玉如为代表泛舟东下,请宋教仁、谭人凤赴鄂主持大计,并设法邀请在香港的黄兴。9月24日,文学社、共进会在胭脂巷11号召开联合大会,共商起义计划,最后议定10月6日为起义日期,蒋翊武被推选为临时总司令,孙武任参谋长,并确定了军政府的组成人选。战斗计划也详细拟定。起义之箭已经搭在弓上,蓄势待发了。

就在文学社、共进会召开联合会议的这天下午,发生了一件意外的事情。驻南湖的新军第八标炮队三营有两名士兵请假离营,一些士兵为他们设宴饯别,酒兴正酣时,忽遭一名排长的粗暴干涉,士兵们勃然奋起,在霍殿臣、赵楚屏的率领下,涌出军营,意欲拉炮攻城,因无炮弹,只好悻悻地弃炮而去。新军第八镇统制张彪要顾自己的脸面,不愿扩大事态,革命的力量暂时没有受到损失,但起义的风声终究泄露出去了,引起了清吏的警觉。湖广总督瑞澂慌忙于10月3日召开县和管带以上文武官员参加的防务会议,决定调比较可靠的巡防营入城,令停泊在江面上的各舰升火待命,同时下令收缴一般新军士兵的子弹。在这种情况下,革命党人觉得如期起义成功的把握不大,加之湖南的焦达峰来电说准备不足,请求展期,起义总指挥部于是决定推迟至10月11日起义。

但是另一件意外的事情迫使革命党人在仓促中提前发动起义。10月9日，孙武等人在汉口俄租界宝善里14号机关制造炸弹，不慎起火。孙武等人匆忙逃离现场，没来得及转移的文件被闻声而来的俄国巡捕搜去。与该机关毗邻的刘公的住所也遭到搜查，刘公逃脱，他的几名亲友则被捕去。俄租界捕房将搜查所获文件和被捕诸人转交清吏。瑞澂立即下令紧闭城门，搜捕革命党人。刚刚返回武昌的蒋翊武这天正与刘复基、王宪章、彭楚藩等人聚会，商量起义日期问题，突然得知宝善里机关出事，举座皆惊。刘复基提议马上发动起义，蒋翊武沉思良久，也觉得除此之外别无他策应急。于是在这天下午5时，蒋翊武以临时总司令的名义发布起义命令，规定在当晚12时由南湖炮队鸣炮为号，城内外新军同时行动。

但是负责向南湖炮队送信的邓玉麟没有及时将信送到。南湖炮队的炮声不响，其他各部不知情势有何变故，也不敢贸然发动。革命党人还在焦急的等待之中，瑞澂却动手了。当天晚上，武昌各革命机关遭到军警查抄，蒋翊武侥幸地从军警的鼻子底下脱逃，而刘复基、彭楚藩、杨宏胜等人被捕。瑞澂命属吏连夜会审，刘复基、彭楚藩、杨宏胜皆湖北革命党的中坚分子，他们坦然自认是革命党，次日早晨慷慨就义。"出师未捷身先死，长使英雄泪满襟"，三烈士的鲜血激励着他们的同志继起奋斗。

瑞澂、张彪等磨刀霍霍，准备紧闭军营，按名册捉拿新军中的革命分子。形势紧张得让人喘不过气来，不仅革命士兵忧心如焚，就连未参加革命团体的士兵也人人自危，深恐受到牵连。而起义的指挥中心已不复存在，一时间士兵们找不到主心骨，他们就自行联络，相约于10月10日晚12时，由第三十一标举火为号，各营同时响应。当时士兵们的迫切情绪，可以从工程营总代表熊秉坤的一段话中得到反映。他说："若我不先发制人，终必为人所制，置之死地而后生；等死耳，不如速发难！""今日反亦死，不反亦死，大丈夫能惊天动地，虽死犹烈！"

当晚7时许，驻扎在城外塘角的混成协炮、工、辎各队提前行动。辎重队首先举火为号，炮队和工程队随即响应，他们拖着大炮向城内进发，路上与第八镇马、炮各队汇合，一起直逼中和门。在城内，驻中和门内、紫阳湖畔的第八镇工程第八营首先发动。士兵金兆龙、程定国等与前来查巡的一名排长发生冲突，程定国开枪击伤该排长。恰逢熊秉坤赶到，他见全营轰动，决定马上行动。几名军官闻变而来，堵在门口不让士兵们出去，士兵们将其击毙，其他军官不敢再拦阻了。由于营房中的弹药已被收缴殆尽，士兵们首先想到的是补充弹药，于是他们向邻近的楚望台军械库涌去。守卫这个军械库的恰好是工程营士兵，因而起义士兵很顺利地占领了该军械库。陆续汇集到楚望台的士兵约400人。部队的秩序一时十分混乱，熊秉坤感到难以控制局面，就把指挥权交给了队官吴兆麟。吴兆麟一面部署警戒，一面派人与其他部队的革命力量联络。

正在焦急等待中的其他各标各营听见枪声，纷起响应。第二十九、三十一、四十一标中的革命士兵行动起来了，测绘学堂的80名学生在李翊东的率领下赶往楚望台参加了起义。驻南湖炮队第八标参加起义的超过800人，这支最整齐的起义队伍拖着13门炮进了城，与混成协的炮队一起，在蛇山、凤凰山和中和门城楼等制高点建起炮兵阵地。

湖北新军第八镇和第二十一混成协共有官兵18000人，其中一部分由端方带领入川，一部分分驻外地，留守武昌的约7000人，参加起义的官兵约占1/3，其余的多采取中立观望的态度。瑞澂和张彪控制着1500人的部队，他们龟缩在总督署和第八镇司令部内，准备负隅顽抗，伺机反扑。当晚10时半以后，起义军开始向总督署发动进攻，但由于缺乏有效的领导和组织，起义军遇到了挫折，部分队伍仍旧退回了楚望台。但是进攻并没有停顿下来。午夜以后，起义军将督署附近的一座房舍点燃，黑暗之中火光冲天，蛇山上的炮兵因此看清了督署的位置，一炮比一炮打得准。瑞澂吓得方寸大乱，在督署的围墙上钻了一个洞，在卫队的护送下仓皇出文昌门，乘江清火轮遁往汉口，次日凌晨移居楚豫兵舰。瑞澂一逃，张彪也就丧失了顽抗到底的信心，匆忙率辎重营逃往汉口刘家庙。拂晓时分，武昌城已在起义军的掌握之中了。江对岸的革命党人闻风而动，分别于11日夜和12日控制了汉阳和汉口的大部分城区。武昌首义成功了！

起义军在一夜间取得了胜利，建立一个新政权，树立一个领导核心,成为摆在他们面前最迫切的问题。首义是由革命党发动的,政权也应顺理成章地由革命党人来掌握,但事实并非如此。革命的公认领袖孙中山远在海外;黄兴和宋教仁虽同意在武汉三镇起事,但他们希望长江各省同时发动,而且对武汉的革命力量并不抱十分乐观的态度,所以尽管湖北方面一催再催,二人均迟迟不愿前来;共进会和文学社的主要领导人孙武、刘公、蒋翊武等人在起义前夕被迫藏的藏,逃的逃。这样,革命的领导力量暂时出现了一个空白。

10月11日上午,革命党人蔡济民、张振武、李作栋、高尚志、陈宏诰、吴醒汉等在谘议局聚会,商议成立军政机构的事宜。大家都觉得需要一个地位显赫、声望卓著的人来充任都督,至于这个人是否属于革命党并不重要。有人提议让谘议局议长汤化龙来做都督,汤化龙虽然表示赞成革命,但以不懂军事为由拒绝任都督职。恰好第二十一混成协协统黎元洪这时已被找出来了,正待在楚望台,于是派人将他拥至谘议局,决意让他来做这个都督。

黎元洪(1864~1928),字宋卿,湖北黄陂人。早年毕业于天津水师学堂,中日甲午战争后,他投到张之洞门下,参与训练新军,并三次赴日考察军事。黎元洪给人一副忠厚长者的印象,治军也算有方,较得一般士兵的尊敬。但是黎元洪并不赞成革命,10日夜,他手刃了一名报信的革命士兵,力图弹压部众,后来见大势已去,就跑到一位朋友家躲藏起来。现在革命党人要拥戴他做都督,黎元洪觉得凶多吉少,坚决不答允,连声嚷嚷:"莫害我!"革命党人李翊东不管他是否答应,代他在安民告示上签了一个"黎"字。不久,署名"中华民国军政府都督黎"的告示就贴遍了武昌城。

随后,军政府的架子渐次搭起来了。参谋部、交通部、军需部、书记部、民政部、测量部、稽查部、外交部纷然成立。但是开头几天,这个军政府还没有正常运转起来。都督黎元洪终日枯坐,不发一言,形同木偶一般。各级官长,各种职员,或由人推举,或毛遂自荐;军政府的机构和人员日益增多,显得乱糟糟的,好像人人都可以做主,又人人都做不了主。这期间参谋部发挥了重要作用。这个部创立最早,正、副部长由旧军官杨开甲、张景良充任,二人惊魂未定,根本不管事;真正负责的是一批充当参谋的革命党人,如蔡济民、邓玉麟、张振武、胡瑛等。他们实际上是军政府的灵魂,民政、军政、外交方面的策划都出自他们之手。

沉默了两天的黎元洪见革命的声势很盛,也开口说话了,他甚至剪掉了辫子,以示参与革命的决心。立宪派的汤化龙、胡瑞霖早就表示要"咸与革命",10月14日夜,汤化龙等人起草了一份《军政府暂行条例》,规定军政府设军令、军务、参谋、政事四部,各部须听命于都督;政事部下设内务、外务、财政、交通、司法、文书、编制七局。这个旨在加强都督权力的方案当然得到了黎元洪的首肯,新到武昌的重要革命党人居正急欲建立一个有序的政府,也出面劝说革命党人接受了这个方案。军政府按该方案重新改组，在各部、局长官中，除军务部部长为革命党人孙武外，其余的位置都由立宪派和旧军官占据了。另外一个重要革命党人刘公做了有名无实的总监察。10月17日，黎元洪在阅马场登坛誓师，由谭人凤给他授旗授剑。这套带有浓厚封建色彩的仪式进一步巩固了黎元洪的地位。

革命党毕竟不满意大权旁落，他们在10月25日促使军政府再次开会，修改《军政府暂行条例》，重新安排人事。此次改组，将政事部取消，所属各局升格为部，这样军政府就有军令、军务、参谋、内务、外交、理财、交通、司法、编制九部。革命党人充任了其中的多数部长。此次改组，革命党从立宪派和旧军官的手中夺回了部分失去的权力，但仍旧没有削弱黎元洪总揽全局的大权。

在湖北军政府建立的同时，汉口成立了以詹大悲为主任的军政分府，汉阳也建立了以李亚东任知府的革命政权。汉口、汉阳的这两个政权完全在革命党的掌握之中。

湖北军政府成立后，做了一些必不可少的工作，如通电全国，宣告武昌光复；派员与各国驻汉口领事交涉，要求各国承认革命军为交战团体；清除内奸，消弭隐患；稳定金融秩序，保护工商业。但工作的重点放在整军备战上。当时军政府控制的军队仅3000人，于是从10月13日起加紧募兵，将军队扩编为四协，由宋锡全、何锡藩、邓玉麟、张廷辅任协统；后来又扩充了四个协。在扩军的同时，又加紧赶造武器弹药，汉阳兵工厂工人夜以继日地工作，以确保革命军的军火供给。清军的反扑迫在眉睫，武汉又是四战之地，极难防守，所以军政府在军事上也事先做了一定部署。

革命军占领武汉三镇的消息传至北京，清廷在一片慌乱之中作出了本能的反应。10月12日，清廷谕令瑞澂、张彪革职留任，戴罪图功。由于南方新军大都投身于革命的洪流之中，清廷只得把全部的希望寄托在北洋六镇身上。10月12日，清廷下令陆军大臣荫昌统帅第一军（包括第四镇、第三混成协、第十一混成协）火速南下，军谘使冯国璋率第二军（包括第五旗、第五混成协、第三十九混成协）听候调用。清廷又命令萨镇冰率领海军舰队溯江而上，准备水陆夹击武汉的革命军。

北洋军是在袁世凯的苦心经营下创立起来的，尽管两年多以前摄政王载沣将袁世凯一脚踢出了朝廷，但是袁世凯的影响并未消除，徐世昌、段祺瑞、冯国璋等文武亲信仍然与他保持着密切联系。袁世凯本人在河南彰德做出一副"垂钓洹水"的逍遥模样，其实内心时刻盼望着有朝一日东山再起。这次机会终于来了。南下的北洋军队在袁世凯的暗中指使下，行动起来故意慢吞吞的，目的在于向清廷表明：除了袁世凯，谁也甭想指挥我！与袁世凯串通一气的内阁总理大臣奕劻主张起用袁世凯，帝国主义各国驻京公使深感清廷无能，也发出了一串非袁世凯不能收拾局面的论调。

摄政王载沣无奈，只得于10月14日任命袁世凯为湖广总督。但载沣并不愿意放虎归山，在指挥北洋军的问题上，只给袁世凯"会同调遣"的权力，明摆着让他做荫昌的副手。

袁世凯不是"招之即来，挥之即去"的角色，他嫌清廷给他的权力太小，于是以足疾未痊、痰喘病忽又发作为借口，拖延着不肯走马上任。袁世凯不出山，北洋军各将领也就不卖力打仗，明显占优势的北洋军在前线居然时有败退的迹象。奕劻派袁世凯的老朋友徐世昌微服出京潜往彰德劝说，袁世凯就通过奕劻和徐世昌之口，向清廷提出了六项条件：①明年即开国会；②组织责任内阁；③宽容参与此次事变诸人；④解除党禁；⑤须委以指挥水陆各军及关于编制军队的全权；⑥须供给充足的军费。六项条件的实质，是要清廷赋予他政治和军事全权，同时也表明袁世凯想用战争以外的方式来对付革命军。此时，湘、陕、赣诸省相继宣告独立，革命阵营的力量迅猛壮大，载沣在四面楚歌中被迫吞下了袁世凯给他的这颗苦果。10月27日这天，清廷接连发布了四道重要的谕令：调荫昌回京；授袁世凯为钦差大臣，节制海陆各军；拨内帑银100万两为湖北军费；第一军改由冯国璋统率，第二军改由段祺瑞统率。

10月29日，山西太原爆发革命。同一天，驻滦州的新军第二十镇统制张绍曾与第二混成协协统蓝天蔚联名通电，要求召开国会，改组皇族内阁，实行宪政。驻石家庄的第六镇统制吴禄贞秘密与山西革命军接洽，拟出兵北京，并断南下北洋军的归路。一时间京城人心惶恐，清廷度日如年。袁世凯出面了，他一面命姜桂题、赵秉钧加强北京的防务，一面派人刺杀了吴禄贞，同时收买张绍曾的下属，逼走张绍曾，用快刀斩乱麻的手段帮助清廷渡过了难关。

10月30日，清廷颁布"罪己诏"，11月1日又宣布解散"皇族内阁"，授袁世凯为内阁总理大臣。袁世凯假惺惺地推辞了一番，于11月13日北上组阁，三天后公布了新内阁人选。毫无疑问，充任各部大臣的不是他的亲信，就是他的党羽。他还想把张謇和梁启超拉进内阁来，一则为了装点门面，二则为了和立宪派套近乎，但张、梁二人婉辞了他的一番"美意"。组阁后，袁世凯逐渐挤走了一帮握有军权的亲贵，并在英国公使朱尔典的配合下，迫使载沣交出摄政王的印信，退归藩邸。袁世凯调用冯国璋统率禁卫军，不久又借故把禁卫军调出北京，用新编的拱卫军取代之。如此一来，袁世凯捞到了左右清廷的权力，具备了玩弄新的政治阴谋的资本。

至10月16日那天，大批北洋军已经集结在河南信阳，随时都可以发动进攻。保卫武汉三镇已成为革命军面临的最大最艰巨的任务。第二天，汉口领事团照会军政府，称他们将保持中立，加上海军提督萨镇冰向黎元洪作了"彼此心照，各尽其职"的暗示，革命军不必再担心来自江面上军舰的猛烈炮轰。10月18日拂晓，革命军第二协一部向盘踞在汉口刘家庙的张彪残部和河南军发起进攻。铁道工人拆毁了一段铁路，清军的一列满载援军的兵车飞驶而来,轰然脱轨翻倒,革命军乘机出击,清军大乱,纷然向滠口方向退却。第二天,革命军夺占了刘家庙江岸车站,并乘胜追至三道桥。此后四五天,革命军和清军在三道桥至刘家庙一带对峙,互有攻守。10月24日,黎元洪改派张景良任汉口方面的临时总指挥。张景良系日本士官学校毕业生,原来是湖北新军中的一名标统,对革命素抱恶感。这时候他跳出来要求去前线领兵杀敌,显然别有用心。黎元洪轻信了他的话,委以重任。张景良渡江后在刘家庙装模作样地设了一个总司令部,但迟迟拿不出或战或守的作战计划。10月27日晨,清军三个协的优势兵力自滠口方面猛扑过来,革命军节节抵御,战斗正酣时,张景良却溜得连人影也找不见了。后来有人发现他正在一家旅馆与清军的一个参谋密谈,汉口军政分府主任詹大悲立即将其逮捕,砍掉了这个通敌者的脑袋。打到第二天,形势对革命越来越不利,由于战士大多是新兵,缺乏训练,因而阵亡者数以千计,指挥官也很匮乏,尤其缺乏一个能总揽全局的高级指挥员,使得各部往往不能协同配合,打得没有章法。

恰好此时,黄兴赶到了武昌。早在10月2日,居留香港的黄兴就与湖北革命党代表吕志伊见了面,吕志伊是受委托前来邀黄兴赴武汉主持起义事宜的。黄兴虽然赞成在武汉起义,但不同意马上发动,一方面他按照老习惯还想先筹一笔经费,另一方面想策动长江各省同时举事。武昌起义爆发后,他还在香港滞留了几天，直到10月17日才启程经海道北上。他于10月23日抵上海，次日偕宋教仁等混在一支红十字救护队中乘船前往武昌。10月28日，黄兴一行人抵达武昌。革命的领袖人物虽然姗姗来迟，但立即起到了鼓舞士气的巨大作用。黎元洪下令做一面大旗，上书"黄兴到"三个大字，派人举着这面旗子，骑马绕武昌及汉口未被清军占领的地方跑了一圈，军民欢声雷动，情绪立即高涨起来。

当天晚上，黄兴偕杨玺章、查光佛、蔡济民、徐达明等渡江，在汉口满春茶园设立司令部，布署防务。两天后，袁世凯自彰德南下，亲驻湖北孝感督师，冯国璋率北洋军1万多人猛攻汉口。此时坚守汉口的革命军仅是6000余疲惫之师，双方力量对比悬殊。黄兴电请军政府，杀了一位不听指挥的标统，又亲率敢死队上前线督阵，革命军渐渐稳住阵脚，死战不退。冯国璋于是在10月30日下令纵火烧城，清军乘着火势进攻，革命军与之展开激烈巷战。第二天，汉口军政分府撤退，詹大悲因和军政府的黎元洪、孙武有矛盾，不便回武昌，于是顺江东下到安徽去了。也就在这一天，汉口陷落，黄兴渡江返回武昌。清军放起的大火一直烧到11月4日，昔日繁华的汉口，竟有1/5的市区被焚为灰烬。

革命党人中间很大一部分对军政府的权力分配早就不满意，黄兴的到来，让他们看到了完全由革命党控制政权的希望。于是由居正出面提议举黄兴为湖北湖南大都督。但以吴兆麟为代表的一批旧军官和立宪派竭力反对,他们认为把黄兴置于黎元洪之上会引起天下人的不平,会给敌人可乘之机。宋教仁见革命党难以对付这些已经立稳脚跟的实力派,为大局计,劝阻革命党人作罢。最后大家议定推举黄兴为战时总司令,节制各省军队。11月3日,黄兴正式就任中华民国军政府战时总司令,这天在阅马场上演了"登坛拜将"的一幕,由黎元洪授予黄兴印信、委任状和令箭。这套效法刘邦拜韩信为将的做法,表面上是要提高黄兴的威信,实际上在无形之中又抬高了黎元洪。在这场纷争之中,软弱的革命党又退让了一步。

汉口陷落,使保卫汉阳成为革命军的当务之急。黄兴不辞劳苦,当晚赴汉阳设立总司令部,拟定作战计划,布置军队。汉阳在武汉三镇中地势最高,如得汉阳,则汉口和武昌极易控制。此时各省纷然独立,从全国范围来说对清政府十分不利,袁世凯就想在武汉方面给革命军施加一些压力,迫使革命党与他和谈,因此要求冯国璋务必拿下汉阳。从革命军这方面来说,汉阳不但是武昌的屏障,而且还是军火的主要生产地,所以汉阳也是关键所在。黄兴名义上是总司令,实际上受到军务部、参谋部的牵制,且革命军多新招之兵,训练、装备都跟不上,只有从湖南开来的两协援军有些战斗力。在作战计划上,革命军内部也不统一,孙武等人主张死守,黄兴主张以攻为守。这时候发生了一件有利于革命军的事情,停泊在武汉江面的清海军舰队秘密下驶,途中宣布起义。至九江后,这支舰队一分为二:汤芗铭率第二舰队援鄂,第一舰队继续下驶,准备助攻南京。

从11月16日开始,双方交火。革命军一度向汉口方面出击,旋即失利。第二天清军展开攻势。在此后的10天里,革命军艰苦抵抗,但屡屡失利。由于王隆中所率湘军第一协在23日退出战场,革命军顿时失去主力部队,形势急转直下。到27日下午,汉阳陷落,黄兴返回武昌。当晚,军政府召开紧急会议,黄兴提议放弃武昌,顺江而下攻取南京,尔后北伐。多数革命党人强烈反对这种主张,表示要与武昌城同存亡!黄兴见再留武昌已无多大意义,于是立即乘船东去,希望在长江下游打开一个新局面。

袁世凯并不打算依靠武力来扑灭革命,他深知"冰冻三尺,非一日之寒";况且革命力量的存在,有利于突出他在清廷中的地位,若真把革命剿灭了,他自己也未必不会落个"狡兔死,走狗烹"的下场。于是袁世凯打定主意,要利用清廷和革命党各自的力量威胁对方,他自己从中猎取最大权益。早在10月下旬,袁世凯就命他的幕僚刘承恩以同乡的名义两次致书黎元洪,表示他愿意"早息兵争,以安百姓"。11月1日,袁世凯让刘承恩再次致书黎元洪,提出尽早和平了结,实行君主立宪。袁世凯的几番试探,立即引起了武昌方面的反应。黎元洪表示不反对和谈,但不赞成实行君主立宪,而是希望袁世凯支持共和。在写给袁世凯的一封信中,他替袁世凯描绘了一幅诱人的前景:"将来民国总统选举时,第一任之中华共和大总统,公固不难从容猎取也。"刚到武昌的黄兴也致函袁世凯，希望他能对清廷反戈一击，还说只要袁世凯这样干，那么"非但湘、鄂人民戴明公为拿破仑、华盛顿，即南北各省当亦无有不拱手听命者"。

袁世凯拿准了黎元洪等人的脉，志满意得地北上做他的内阁总理大臣去了。冯国璋攻下汉阳后，袁世凯一面令清军隔江炮击武昌，威吓革命军；一面与帝国主义驻京使团联络，想打通和谈的门路。英国公使朱尔典与袁世凯的关系素来很深，他很快指示英国驻汉口领事戈飞出面调停。戈飞与冯国璋商议妥当，派人于12月1日过江传达他们拟定的停战条件。此时黎元洪已逃往离武昌90里远的葛店，坚守在武昌的孙武、蒋翊武、刘公诸人就以都督黎元洪的名义在停战书上盖了章，接受了停战条件。按该停战书规定，双方停战3天。期满之后，双方商定又继续停战3天，随后又停战15天。实际上，从此武汉方面再无战事。黎元洪见局势稳定下来，又跑回了武昌城。此后，他逐渐赶走湖北军政府中的革命党人，俨然以民国元勋自居。

4. 各省独立的实现

在武昌起义后的短短50天时间里，先后有湖南、陕西、江西、山西、云南、贵州、上海、浙江、江苏、广西、安徽、福建、广东、四川纷纷宣告独立。由于各地社会力量的对比不同，主要是革命党、立宪派和当地清政权的力量对比不同，导致各省独立的方式不尽一样，独立后建立的政权性质也或多或少地发生了一些变化。

首先响应起义的是湖南。湖南是华兴会的发源地，革命基础一向比较扎实。1909年，共进会的骨干人物焦达峰从日本回国，在长沙建立机关，联络会党和新军。焦达峰出身于浏阳的一家富户，由于父亲反对他从事革命，他就毅然脱离家庭，过着清贫的生活，挨饿是平常的事情，冬天无钱添置棉衣，冻得拥被取暖。在艰难困苦之中，年轻的焦达峰奔走于湘鄂各地，到辛亥革命前夕，他已经暗中把数万人的力量招到了革命的大旗下。1911年黄花岗起义失败后，焦达峰与孙武约定：无论武昌或长沙哪一方面首义，他方当在10日内响应。武昌起义的消息传到湖南，焦达峰立即与新军第二十五协中的革命党人陈作新一起准备发动起义。而此时湖南的立宪派已成为一股不容轻视的力量，他们在保路运动中博得了相当的声誉，尤其是他们的首脑人物谭延闿。这位出身大官僚家庭、中过进士、做过翰林的湘中名士，颇有些政治手腕。湖南立宪派见清廷已朝不保夕，也就同意革命党人来一次"勿扰乱秩序"的起义。

10月22日，焦达峰、陈作新率新军在长沙起义，巡抚余诚格仓惶出逃。中华民国湖南军政府宣告成立，焦达峰、陈作新担任正、副都督。幼稚的革命党人同意成立一个由立宪派操纵的参议院，由谭延闿任院长。这个参议院很快就凌驾于都督之上了，但立宪派还不满足，一心一意要除掉焦、陈二人。焦达峰对立宪派的活动不够警惕,他派遣军队援鄂,大批革命分子随队北上,削弱了长沙的革命力量。10月31日,一个受立宪派唆使的旧军官梅馨发动兵变,杀死了焦达峰和陈作新。谭延闿爬上了都督的宝座,并逐步巩固了他在湖南的地位。革命党人忍气吞声,承认了既成事实,因为他们担心触怒谭延闿,会导致湖南局势不稳,那样武汉方面就会失去一个可靠的后方。

江西的独立运动是从九江开始的。九江是长江边上的重镇,它既是繁华的商埠,又是军事上的要塞。10月23日,在革命党人蒋群的策动下,驻九江的新军发动起义,标统马毓宝也临时加入革命者的行列。革命党人组织起九江军政分府,马毓宝被他们拥上了都督的位子。几天以后,著名革命党人李烈钧来到九江,担任了军政分府的参谋长。九江一宣布独立,立即派军队奔赴南昌,准备支援那里的革命党人。当他们尚未到达目的地时,南昌方面已经传来了好消息。原来在革命党蔡公时等人的策动下,新军第二十七混成协驻南昌部队及陆军小学学生在10月31日起义,很顺利地控制了南昌,并于第二天成立了以新军协统吴介璋为都督的军政府。由于江西新旧军矛盾很深,他们的斗争导致江西都督如走马灯似地更换。继吴介璋之后,彭程万和马毓宝各做了一阵子都督。直到李烈钧率援鄂军回赣就任都督以后,江西的政局才稳定下来。

安徽独立的经过很复杂。11月初,寿州、合肥、芜湖先后宣布独立,省城安庆也是人心不稳。巡抚朱家宝见势头不对,就在立宪派的支持下于11月8日宣布安徽独立，自己做了新政权的都督。革命党人不满意像朱家宝这样的旧人物盘踞在新政权之中，他们从江西九江搬来一支军队赶走了朱家宝，不料这支赣军在安庆无恶不作，惹来一片反对声。李烈钧前来调解赣军与安庆革命党人的矛盾，被临时推举为安徽都督。不久，李烈钧辞去都督之职，率军援鄂。12月下旬，孙毓筠从上海回来，就任都督，逐步稳定了局势。

湖南、江西、安徽三省的独立，立即减轻了武汉方面的压力，使清军不能从东、南两方夹击武汉。而且三省还陆续派出援鄂军，加强了首义之区的力量。

东南沿海地带，以上海独立的影响最大，它不仅推动东南各省革命形势的发展，而且关系着革命的全局。因为此时的上海，已成为革命党、立宪派、清政府及列强都十分关注的所在。同盟会中部总会一方面竭力支持武汉方面，一方面由陈其美负责，着手准备起义。同时，光复会的重要领导人李燮和积极策划起义。共同的目标使从1907年起处于分裂状态的同盟会和光复会在这里携起手来，共同策划上海独立事宜。陈其美和上海著名绅商沈缦云、李平书等人关系颇深，因而控制了一支5000人的武装力量——商团，这支队伍在即将爆发的起义中充当了主力军。11月3日上午，因意外事件，起义被迫提前发动，起义军先拿下了闸北、吴淞和上海县城。当天下午，陈其美率敢死队进攻江南制造局，遇到清军的顽抗。陈其美只身入局，打算劝说清军放下武器，但被扣押起来。李燮和率援军赶到，于次日凌晨攻下了制造局，陈其美获救。11

月6日，沪军都督府成立，陈其美被推为都督。陈其美是一位缺点很多但又相当能干的革命党人，在他的努力下，革命党掌握了在上海的领导权，有力地推动了周围地区的光复活动。上海成为革命党活动的中枢之一，随后的一系列政治活动都和这个城市联系在一起。

浙江的革命党和立宪派素来都很活跃。1907年秋瑾领导的起义失败后，浙江的革命力量遭受严重挫折，但革命党人并没有灰心，转而在军界展开了细致的工作。武昌起义爆发后，上海方面的陈其美先后两次赴浙，与杭州的革命党人商讨起义事项，他们把起义的时间大致定在11月上旬。以汤寿潜为领袖的浙江立宪派在国会请愿运动和保路运动中声誉鹊起，此时他们也想以办民团为名搞一点武装，在即将到来的风暴中掌握一些主动权。但他们感觉到自身力量不够，于是主动同革命党拉上了关系。11月4日晚，革命党人策动杭州新军起义，从上海赶来的敢死队也参加了行动。三天以后，浙江军政府正式成立，汤寿潜被推为都督，但军政府的实权还是掌握在革命党人手中。

江苏巡抚程德全是一个很会投机的官僚，他从一个破落秀才一步步爬到封疆大吏的地位，练就了一套见风使舵的本领。眼见清廷这条船就要沉没了，他便转而投到革命的一方来。11月5日，在当地绅商的支持下，程德全宣布江苏独立，旧的巡抚衙门立即变成了都督府，巡抚大人摇身一变做了新都督。程德全为了显示一点革命精神，命人用竹竿捅下了屋檐上的几片瓦。

11月11日,福建宣布独立,新军第十镇统制孙道仁被推举为军政府都督。至此,富庶的东南沿海地区不复为清廷所有了。

西南各省中,云南率先独立。革命党人在云南军界具备较强的力量,威望很高的革命党人李根源担任着云南陆军讲武堂总办,培养了一批革命军人。在新军第十九镇中,革命党人罗佩金、刘存厚、唐继尧、谢汝翼担任着各级军官。1911年初,蔡锷受云贵总督李经羲的邀请,赴滇担任新军第三十七协统领。蔡锷(1882～1916),字松坡,湖南邵阳人。早年入长沙时务学堂求学,受到梁启超的赏识,戊戌政变后,赴日追随梁启超左右,1903年毕业于日本士官学校。才华横溢的蔡锷是中国近代史上一颗耀眼的流星,他虽然在政治方向上唯梁启超马首是瞻,但在历史的重要关头,这位英雄一般都做出了正确的抉择。蔡锷一到云南,就向革命党人表示,时机一到,绝对"同情"革命。10月30日夜,驻昆明的新军起义,没有费多大的气力就取得了胜利。云贵总督李经羲被俘后,李根源、蔡锷等人很客气地将他送出了云南。11月3日,云南军政府成立,蔡锷就任都督。

与云南相邻的贵州省也在11月4日宣布独立。11月3日,贵州一个革命性质的团体自治学社鼓动新军和陆军小学的学生起义,于第二天正式宣告独立,由自治学社的领导人张百麟出头组织了一个联合性质的政府,正副都督由两名新军军官担任,另设一个总揽政务的枢密院,张百麟自任院长,贵州立宪派的重要人物任可澄任副院长。立宪派对这种权力分配很不满意,他们和旧势力勾结起来,在1912年2月2日策划了一次兵变,逼走了张百麟。一个月后,在立宪派的邀请下,云南的唐继尧领兵到达贵阳,立即踢开政府中自治学社的成员,久已不甘人下的唐继尧当上了梦寐以求的都督,任可澄等立宪派人物也从唐继尧手中分到了一杯羹。

四川独立的情形最为曲折。1911年11月5日,新军一名排长夏之时率领驻龙泉驿的士兵起义。夏之时在留日学习军事期间加入了同盟会,回国后一直在四川新军中宣传革命,发展革命力量。这支起义部队向重庆进发,于21日抵达重庆近郊,第二天与城内的革命党人张培爵等人里应外合,控制了重庆,于当天宣告重庆独立,建立起中华民国蜀军政府,张培爵和夏之时任正、副都督。重庆一宣告独立,坐困成都的赵尔丰走投无路,就和立宪派谈判,打算把政权暂时交给一些相对可靠的绅士,来渡过难关。释放出来才几天的立宪派领袖蒲殿俊、罗纶很快与赵尔丰妥协,因为他们也害怕革命的风暴。11月27日,赵尔丰宣告四川自治,大汉四川军政府成立。蒲殿俊做了名义上的都督,赵尔丰仍旧盘踞在成都,他的亲信朱庆澜做了副都督,掌握着军队。很显然,赵尔丰希望时机一到就卷土重来。12月8日,蒲殿俊与朱庆澜阅兵时,军队哗变,蒲逃回老家,朱在四川也立不稳脚跟,一走了之。陆军小学堂总办尹昌衡因平定这次叛乱有功,被推举为都督。当月下旬，赵尔丰想发动政变，军政府得知后，立即将他枭首示众。尹昌衡靠军事和政治的压力，迫使重庆蜀军政府于1912年3月宣布取消，张培爵跑到成都出任副都督，夏之时则出国留学去了。不久，一个新军阀胡景伊又取代尹昌衡做了四川的都督。

广西地处边陲，出于防务的目的，清政府在此驻有数万军队。绿林出身的广西提督陆荣廷坐镇南宁，新军和巡防营都由他节制，实际上是广西的土霸王。武昌起义的消息传至广西，革命党人于11月1日首先在梧州策动起义，成立了梧州临时军政分府。驻省会桂林的广西巡抚沈秉堃见一片风雨飘摇之势，无可奈何地向革命党人表示输诚。11月7日，广西宣布独立，沈秉堃做了都督，陆荣廷和广西布政使王芝祥当上了副都督。在南宁的陆荣廷见桂林方面如此举措，也在两天后宣布独立，组织起了副都督府。在革命党人的催促下，沈秉堃派赵恒惕率军北上援鄂，他身边的军事力量也就所剩不多了。手握重兵的陆荣廷不满意在自己上头还有个沈秉堃，千方百计地向沈秉堃施加压力。沈秉堃只好以北伐为名离开了广西，毫无实力的王芝祥也跟着走了。陆荣廷做上了都督，将省会迁往他的老巢南宁，当上了名副其实的广西王。

与广西相邻的广东也于11月9日宣布独立。从10月中旬起，广东各地的民军纷纷向省城广州进逼，广州城内也是一片要求独立之声。总督张鸣岐被迫同意独立，各界代表把威望素著的同盟会领导人之一胡汉民迎回广州，推他做了都督。一个月后，胡汉民随孙中山北行，陈炯明继任都督。

北方陕西、山西两省的独立，无异于在清廷的腋窝里捅了它一刀。1907年，陕西著名同盟会员井勿幕回国，在西安进行革命活动。陕西的哥老会在新军中势力很大，井勿幕等革命党人以结拜兄弟的形式与哥老会首领拉上了关系，因而得以借着哥老会的力量在新军中发展实力。武昌起义的消息传来，陕西同盟会和哥老会的领导人密议，决定在10月底起义。陕西护理巡抚钱能训看到风头不对，打算把不可靠的新军调往外地。10月22日，革命党和哥老会被迫提前发动起义，起义军很快就占领了西安全城，率领旗兵顽抗的西安将军文瑞投井自杀，钱能训被俘。一个新军管带张凤翙被推为"秦陇复汉军大统领"。张凤翙虽然在留日期间参加过同盟会，但回国后并没有从事实际的革命活动。陕西哥老会的势力实在太大了，现在又以革命的功臣自居，它们的一些头目显得有些飞扬跋扈。内部的权力之争还没来得及展开，外部的压力就扑面而来。清军从潼关外、从甘肃两面夹击陕西，革命党和哥老会携手抗敌，保住了胜利的果实。

陕西独立，山西立即受到震动。巡抚陆锺琦想来个釜底抽薪之计，命令驻太原城外的新军第八十五标外调河东。10月29日凌晨，该标第三营发动起义，攻占了巡抚衙门，击毙了陆锺琦。新军第八十六标标统阎锡山被推举为都督。阎锡山（1883～1960），字百川，山西五台人，毕业于日本士官学校，同盟会会员。

近在咫尺的山西出现了革命政权，北京城里的清廷万分不安，令北洋军猛攻太原。12月中旬，阎锡山率军从太原撤往晋北，后来一直退到包头。南北和议后，阎锡山返回太原继续做他的都督。自兹而后，阎锡山这位左右逢源的新军阀，成了政治上的不倒翁，统治山西达三十七八年之久。

在北方各省中，山东一度宣告独立。山东巡抚孙宝琦在革命形势的逼迫下，玩弄了一个假独立的花招。11月13日，他宣布山东独立，自任都督，暗地里却向清廷表白这是事出非常，恳求准其便宜行事。11天后，在他的儿女亲家袁世凯的支持下，孙宝琦急匆匆地宣布取消独立。此外，直隶、河南、新疆、甘肃和东三省也有革命党人谋求独立，只不过清政府在这些地方的统治力量太强，革命力量暂时无法取得胜利。

各省的独立，真是"忽如一夜春风来，千树万树梨花开"，使得革命声势空前高涨起来。清廷虽然渴望苟延残喘下去，但丧钟已经为它敲响了。各省独立的实现，无疑是革命党的艰苦奋斗赢来的，几乎每一省的独立，都是由革命党人发动或推动的。立宪派和一些旧官僚加入了新政权，他们中间的相当一部分人甚至在新政权中居于领导地位。这种情况虽然有利于孤立清廷，有利于加速清王朝的灭亡，但反过来也侵蚀着革命的肌体，结果往往不是革命党人把旧势力革命化了，而是旧势力把革命党人非革命化了！革命党人为什么会欢迎立宪派和旧官僚"咸与维新"？一方面是因为被披在立宪派和旧官僚身上的革命外衣所迷惑；

另一方面,也是最主要的方面,是因为革命党人觉得自身的实力不够,他们没有胆量发动群众,这就使他们显得十分虚弱。当立宪派和旧官僚表示要与他们合作时,大部分革命党人觉得这是壮大革命阵营的大好事,也就乐意接受了。

各省虽然独立,但没有一个统一的机关来领导,显然不利于与清廷做斗争。于是,建立一个中央政权,成为革命阵营面临的首要任务。

六　南京临时政府和北京临时政府

中华民国宣告诞生

武昌为首义之区，上海向来是革命活动的中心，筹建临时中央政府的倡导，几乎同时从两地发出。11月7日，湖北方面的黎元洪致电各省，征询建立中央政府的意见，两天后他正式通电各省，请派代表赴武昌商议组织临时中央政府。上海方面也早在酝酿组建中央机关，因一时没有合适的人来登高一呼，所以直到11月11日，才以江苏都督程德全、浙江都督汤寿潜和上海都督陈其美的名义，通电各省速派代表赴沪，仿照美国独立战争时期大陆会议的先例，设立一个临时会议机构，并且提出了具体的方法：由各省旧谘议局选派代表一人，各省都督府派代表一人，两人均常驻上海；两省以上代表到会，即行开议，续到者，随到随议。第二天，又以苏、浙两省代表的名义，向各省发出了内容相似的电文，除了催促各地代表早日来沪外，还请各省公认伍廷芳、温宗尧为临时外交代表。

两方面通电的结果是：苏、浙、闽、湘、鲁、豫等省的代表汇集上海，而粤、桂、赣、鄂少数几省的代表则聚首武昌。11月15日，到达上海的代表举行第一次会议，将会议的名称定为"各省都督府代表联合会"。随后的几天里，他们又达成一致意见，承认湖北军政府为民国中央军政府，由鄂军都督府执行中央政务；但决定仍以上海为会址，要求湖北方面速派代表赴沪。武昌方面对认定鄂军政府为民国中央军政府一条深感满意，但在代表会议地点的选择上依然不肯让步，派居正和陶凤集赴沪，邀请代表前往武昌。代表们商议之后拿出了一个折中方案：各省留代表一人驻上海，以便互相联络，其余代表则赴武昌。

当各省代表联袂赶到武昌时，汉阳已经失陷；整个武昌城，受到清军炮火的威胁，代表们只好转往汉口英租界，在一家名为顺昌的洋行里开会。会议从11月底开始，至12月3日，通过了《临时政府组织大纲》。这个《临时政府组织大纲》共3章21条，第一章规定临时大总统的职权，第二章规定参议院的组织程序及权力，第三章规定行政各部的组织及权限。这个《大纲》初步勾勒出了临时中央政府的概貌，其目的在于促成临时中央政府尽早成立，因此它还不能面面俱到，有待进一步完善。

会议尚在进行之中，南京光复的消息传来了。南京是清政府两江总督的驻地，为清廷镇守东南的中枢所在，屯有重兵。驻南京的江南提督张勋对清廷特别忠心，他掌握着20个营的江防部队。由于有张勋在背后撑腰,两江总督张人骏拒绝了立宪派绅士要他宣布独立的请求。周围地区都相继宣告独立,南京成了一颗揳入革命势力范围内的钉子。驻南京地区的新军第九镇是一支精锐之师,统制徐绍桢是一位半途弃文从武的旧军人,本来和革命没有丝毫的关系,但张人骏、张勋等人对新军疑心重重,再三刁难,徐绍桢起初隐忍不发,但看到革命形势大盛,加之他本人差点遇刺,所以决定起义。11月8日,新军第九镇誓师秣陵关,兵分三路攻击南京。失利后,徐绍桢率部退往镇江一带。就在南京新军起义的头一天,驻镇江的第九镇第三十五标发动起义,建立了以营长林述庆为都督的军政府。

11月中旬,沪督陈其美、苏督程德全、浙督汤寿潜发起组建江浙联军,徐绍桢被推举为联军总司令。联军分四路进攻南京,张勋顽抗了十来天,见抵挡不住,于12月1日晚率部渡江北逃,张人骏也溜走了。12月2日,南京城遂告克复。

南京方面的胜利对于革命阵营而言是个大喜讯,聚集在武汉的各省代表正发愁如果临时中央政府设在武昌,势必受到清军的直接威胁。闻讯后,他们立即议决以南京为临时中央政府所在地,相约各代表于一星期内齐集南京,只须10省以上代表到达,即开会选举临时大总统。

上海方面的宋教仁、陈其美等人本来就担心,以武昌为临时中央政府所在地可能导致同盟会无法控制中央政权,南京的克复给他们带来了机会。宋、陈等暗中鼓励滞留上海的代表,在12月4日召开了一个共和联合大会,议定从速在南京组建临时中央政府,并选举黄兴为大元帅,黎元洪为副元帅。这个选举结果虽然有利于同盟会,却引起了许多立宪派要人和旧官僚的不满,他们鼓噪起来替黎元洪鸣不平,反对把刚刚在武汉吃了败仗的黄兴置于"劳苦功高"的黎元洪之上。在这种情况下,黄兴再三推辞,不肯就任大元帅之职,表示愿意领兵北伐,完成多年来的夙愿。经过陈其美等人的力劝,黄兴才答应暂时勉任大元帅。

在武昌的黎元洪得悉上海方面的选举结果,再也沉不住气了,恰好尚未离开武汉的代表也不满意上海方面的行动,请黎元洪以湖北军政府都督的名义发电谴责。黎元洪就顺水推舟电告上海方面,要求取消选举结果。

12月12日,14省代表齐集南京,两天后议定在16日选举临时大总统。这时候从武昌传来了一个消息:清廷的议和代表唐绍仪抵达武昌,私下里向黎元洪转达了袁世凯赞同共和的表示。既然袁世凯露出了这样的口风,代表们马上议定暂缓选举临时大总统,转而承认前些天上海方面选举产生的大元帅和副元帅,并决定由大元帅暂行大总统职权。这实际上是向袁世凯表示:只要你反正,大总统的宝座就非你莫属。但是黄兴坚决不答允就任大元帅,一方面因为黎元洪一派的势力反对,另一方面因为他得知孙中山已在归国途中,有意将最高领导人的地位留给孙中山。于是代表聚议,改选黎元洪为大元帅,黄兴为副元帅;由于黎元洪不能从武昌脱身,就由黄兴代行大元帅职权。

临时中央政府的组建,之所以一波三折,迟迟没有个令人满意的结果,一方面是在等待南北和议的进展,如果过早地抬出一个国家元首,可能会惹恼袁世凯,那么袁世凯就会缩回和谈之手;另一方面是因为此时的革命营垒已变得相当复杂,除了同盟会外,还有立宪派和旧官僚混迹其中,而且部分革命党人也被非革命势力同化了。几股力量在争夺最高领导权的问题上很难求得共识,哪一方也提不出令各方均满意的国家元首人选。这时候,公认的革命领袖孙中山回国,立即使这一矛盾烟消云散。

武昌起义爆发时,孙中山尚在美国科罗拉多州的一个城镇里。他从当地的报纸上阅知"武昌为革命党占领"的消息,立即敏感地意识到国内革命形势高涨起来了。孙中山冷静地认为他目前的首要任务不是回国驰骋疆场,而在于给未来的共和国打开一条外交上的生路。孙中山默察美、德、法、俄、英、日各国对中国革命的态度,认为争取英国政府的支持是关键所在。于是孙中山横渡大西洋赴英,与四国银行团主任会谈,磋商停止给清廷借款事宜,随后又向英国政府提出了三项要求:停止清廷一切借款;制止日本援助清廷;取消各英属殖民地对他的放逐令,以便他取道回国。英国政府在口头上全部应允了这三项要求。孙中山还想同四国银行团协商,为革命政府借款,但未能成功。

12月25日,孙中山抵达上海。当时南北和议已进行了七八天,无论是同盟会内部,还是普通群众,革命意识和热情好像都在无声无息地减退。孙中山的到来立即鼓舞了人心,针对有关他携巨款回国资助革命军的谣传，孙中山当众表示："予不名一钱也，所带回者，革命之精神耳！革命之目的不达，无和议之可言也。"

第二天，孙中山在他的寓所里召集同盟会的干部商讨组织临时政府的方案。素来倾慕西方政党内阁制的宋教仁极力主张临时中央政府采用内阁制，总统只是象征性的国家元首。孙中山认为内阁制不适合于眼下非常时期，应当由实权在握的总统来执行革命大计。在座的黄兴、陈其美、张静江、汪精卫、马君武、居正等人一致赞同孙中山的主张，最后决定临时中央政府采用总统负责制。会毕，众人分头进行紧张的准备工作。

12月29日，在南京的17省代表集会，正式投票选举临时大总统，候选人有孙中山、黄兴、黎元洪3人。每省1票，孙中山以16票的绝对优势当选为临时大总统。

1912年1月1日，孙中山赴南京就任。当晚11时，在总统府举行了简朴的就职典礼。孙中山宣读誓词说："颠覆满清专制政府，巩固中华民国，图谋民生幸福，此国民之公意，文实遵之，以忠于国，为众服务。至专制政府既倒，国内无变乱，民国卓立于世界，为列邦公认，斯时文当解临时大总统之职。谨以此誓于国民。"孙中山下令定国名为"中华民国"，同时改用公元纪年。

组织临时中央政府的法律依据，就是一个月前各省代表会议在汉口拟定的《临时政府组织大纲》，只不过在选举大总统的前一天和孙中山就职后的第二天，代表会议又对《大纲》做了几点修改。修改的核心内容是增设副总统,将原定的行政五部扩大到九部。这次修改的目的,在于增加可供分配的位置,使各派势力相协调,以免造成本已不太稳固的联合阵营过早破裂。

1月3日,黎元洪当选为副总统。同一天,孙中山提出了各部总长人选,代表会议讨论时,否决了内务总长宋教仁和教育总长章炳麟。宋教仁才华出众,在同盟会中锋头最健,这样的人物当然为立宪派和旧官僚势力所不容,代表们又揣测他一贯坚持内阁制的目的是要谋取总理的位子,于是更加忌恨他,所以宋教仁也就无法被代表会议通过了。孙中山对人选做了适当调整,最终确定了各部总长和次长名单(见表1)。

表1　临时中央政府各部总长、次长名单

陆军总长	黄　兴	次长	蒋作宾
海军总长	黄锺瑛	次长	汤芗铭
外交总长	王宠惠	次长	魏宸组
内务总长	程德全	次长	居　正
财政总长	陈锦涛	次长	王鸿猷
司法总长	伍廷芳	次长	吕志伊
教育总长	蔡元培	次长	景耀月
实业总长	张　謇	次长	马君武
交通总长	汤寿潜	次长	于右任

与此同时,孙中山还任命胡汉民为总统府秘书长。

1月28日,作为立法机构的参议院也宣告成立。至此,一个统一的中央政权算是有模有样了。那么,这究竟是一个什么性质的中央政权?在孙中山任命的各部总长中,立宪名流和清朝故吏达6人之多,而只有黄兴、王宠惠和蔡元培3人是同盟会成员。表面上看,这是一个旧势力占优势的政权,充其量是个革命党与立宪派、旧官僚的联合政权。但是孙中山在组织临时政府时,始终把握着一个尺度,即"部长取名,次长取实"。各部次长除汤芗铭已退出同盟会外,其余都是同盟会中的骨干人物。实际上,立宪派和旧官僚出身的总长都采取不合作态度,支撑起临时政府的是孙中山、黄兴和他们身边的革命党人。再看看参议院,在43名议员中,同盟会会员达33人之多,占有绝对优势。因此,这个政权是一个实实在在的资产阶级革命政权。

南京临时政府的施政方针

在就职典礼上,孙中山还发布了《中华民国临时大总统宣言书》,阐述了他的施政方针。孙中山表示:"能尽扫专制之流毒,确定共和,以达革命之宗旨,完国民之志愿,端在今日。"在内政方面,孙中山强调实现民族统一、领土统一、军政统一、内治统一和财政统一;在外交方面,孙中山强调:"满清时代辱国之举措与排外之心理,务一洗而去之。与我友邦益增睦谊,持和平主义,将使中国见重于国际社会,且将使世界渐趋于大同。"

革命党人一朝政权在握,恨不得在一个早晨就把他们救国救民的理想落到实处,让千疮百孔的中国焕然一新。南京临时政府虽然只存在了三个月,却颁布了众多的法令、法规。

涤荡专制余毒、保障人权是临时政府采取的重要除旧措施，包括限期剪辫（因为辫子是清朝专制的象征）、劝禁妇女缠足、禁止刑讯、禁止买卖人口、禁止贩卖"猪仔"（被卖到海外的劳工）、严禁鸦片、禁止赌博，以及废除跪拜礼，改行鞠躬礼，废除"大人"和"老爷"之类的称呼，官员改称其职份，民间普通人之间则称"先生"或"君"等。

振兴实业、发展经济是一个国家富强的根本，临时政府在这方面倾注了不少心血。在中央设实业部，在各省要求成立实业公司，准允民间设立实业团体，鼓励工商界开办厂矿，鼓励华侨回国投资，拟定开办各类农业银行的计划。凡此种种，不一而足。

改革教育，也是临时政府施政的重点之一。教育部颁布了《普通教育暂行办法》和《普通教育暂行课程标准》，规定各级学堂改称学校，监督、堂长一律改称校长；课程的设置，依学校的等级和种类不同而变化，但一律废止教授《大清会典》、《大清律例》、《皇朝掌故》等有碍民国精神的科目。女性的教育也受到重视，规定初等小学可以男女同校；同时，鼓励设立各种女校。教育总长蔡元培是中国近代著名的教育家，他在《对于新教育之意见》一文中，提出了军国民教育、实利主义教育、公民道德教育、世界观教育和美感教育，意在以这五个方面来代替封建教育。这种令人耳目一新的教育思想在教育界产生了广泛的影响。

一个政府制定了许多比较好的政策和法令，还只能说明这个政府富有美好的理想；至于这些政策和法令能否得到扎实的推行,最终取决于该政府是不是坚强有力。南京临时政府制定的许多资产阶级性质的政策和法令虽然对后来的中国政治生活产生了影响,但这个政府不是坚强有力的政府,因而这些政策和法令在当时还仅仅是纸上谈兵。

南京临时政府一成立,就面临着重重困难。外交和财政两方面的巨大压力,使得它步履维艰。帝国主义的侵略是造成近代中国灾难深重的祸根。可是不仅行将覆灭的清廷把列强的干涉视为救命稻草,野心勃勃的袁世凯把列强当作他的后台老板,就是资产阶级革命派掌握的南京临时政府,也把能否得到各国的承认看做决定中华民国生死存亡的关键。幻想得到帝国主义的支持,一直是同盟会的致命弱点之一,尽管从列强那里得不到半分援助,得到的只是屈辱,但同盟会就是不敢正大光明地举起反帝的旗帜。南京临时政府继承了同盟会的这一弱点,在它发表的《宣告友邦书》中,承认清政府与各国签订的所有条约,清政府所借外债、所欠赔款和各国在华特权一概有效,仅仅申明不平等条约期满为止。南京临时政府之所以主动承认列强在华的既得利益,目的在于争取早日得到各国承认,甚至幻想列强帮革命派撑撑腰,以便尽早实现共和。尽管南京临时政府表现得再"友好"不过,但是帝国主义列强还是拒绝承认它。列强选择了袁世凯作为扶持对象,一心一意要把袁世凯推上中国最高统治者的位置。为奴役一个国家和民族的目的,去扶持这个国家和民族中腐朽和反动的势力,这是列强的一贯伎俩。

外交上频频碰壁，财政方面更是一筹莫展。南京一带军队云集，不管是抱着真正的革命目的前来的，还是来投机的，天天围着陆军部索要粮饷，急得陆军部总长黄兴"寝食俱废，至于吐血"。政府方面，每添一职、每设一机构都涉及钱的问题。各项开支加起来，南京临时政府每日所需费用近百万元。财政支出如此巨大，财政收入又来自何方呢？地丁等常税已宣布减免；各省不仅不从财政上支持南京临时政府，反而纷纷向它伸手要款；海关税收被列强把持着，它们拒绝缴付；两淮盐税控制在张謇手中，他堂而皇之地以避免外交困难为借口，坚决不答应挪用；发行公债，效果也很不理想，而且是杯水车薪，无济于事。

财源何在？南京临时政府不得不把希望寄托在举借外债上。借款度日是清廷沦为列强奴仆、出卖主权的一大原因，现在南京临时政府被迫走上借外债这根钢丝绳，实在是冒着极大风险。孙中山曾经谈过举借外债三原则："一不失主权，二不用抵押，三利息甚轻。"但是这种外债在当时是无法借到的，列强之所以借款给中国，看上的就是种种附加利益。南京临时政府无奈，只得抵押苏浙路，从日本借款300万元；不久又与日本签订密约，以汉冶萍公司由中日合办为条件，从日本借款500万元，实际上已收到200万元。消息传出，舆论大哗，立宪派和旧官僚群起攻击，甚至革命党中也有不少人相诘难，闹得南京临时政府被动万分。

然而最大的困难并不是来自外部，而是来自革命营垒内部。一个革命的中央政权刚刚诞生，急需一个强大的革命组织来做它的后盾,但此时的同盟会,几乎陷于瓦解状态,已经不能发挥它应有的作用了。同盟会的涣散不是一朝一夕的事,它本来就是许多个资产阶级革命团体联合起来的。成分的复杂,必然带来思想的驳杂,必然带来利益的冲突,因此在它成立之初,就埋下了不稳定的因素。1907年以后,光复会首先从同盟会中分裂出去;随后长江流域的部分同盟会员又组织起共进会,虽然没有明说脱离同盟会,但它的独立性是十分明显的。广州黄花岗起义失败后,同盟会的涣散更加日胜一日。武昌起义后,同盟会不仅组织上四分五裂,而且革命精神也消磨殆尽,甚至部分会员自觉或不自觉地被旧势力同化了。

1912年1月,章炳麟正式脱离同盟会,他拉上程德全、张謇等人,在上海成立了中华民国联合会。3月份,他又将这个中华民国联合会改名为统一党。章炳麟俨然以在野党领袖的身份对南京临时政府的各项举措品头论足,攻击起来不遗余力。也正是章炳麟,首先发出了"革命军起,革命党消"的怪论,得到张謇等人的附和。昔日革命的大将,今天居然要拆革命的台,的确令亲者痛,仇者快。

革命还远未取得胜利,革命营垒内部就上演了争权夺利的一幕。孙武是湖北著名的革命党人,由于未能在南京临时政府中谋得部长的职务,一气之下宣布脱离同盟会,拉了一帮子人拥戴黎元洪成立了民社,无形之中削弱了同盟会的力量,给黎元洪壮了声势。黎元洪此时羽翼已经丰满,这位被迫卷入革命阵营的旧势力代表虽然显得比较安分，而且还在1912年3月被推选为同盟会协理，但他和革命始终是有隔膜的。他非常赞同章炳麟的"革命军起，革命党消"的说法，而且进一步倡言："共和国立，革命军消。"在南北和谈中，黎元洪是帮袁世凯说话的。

此时，同盟会中还流行一种"功成身退"的说法。天真的革命者深怕背上革命是为了功名富贵的骂名，一而再，再而三地表白一旦达成共和，他们将悄然引退，散居山野。革命的目的远未达到，革命者却在谈论归隐的事，一方面或许真实地体现了他们人格的高贵，另一方面也反映了他们的革命勇气不足和政治经验贫乏。

种种情形，正如孙中山后来所总结的那样："维时官僚之势力渐张，而党人之朝气渐馁；只图保守既得之地位，而骤减冒险之精神，又多喜官僚之逢迎将顺，而渐被同化矣！以是对于开国之进行，多附官僚之主张，而不顾入党之信誓。"

旧势力尚在虎视眈眈，革命派却自己先软了腿。

南北和议与清廷解体

袁世凯从出山之日起就没打算一味用武力来扑灭革命，因为他明白这是不现实的。短短的两个月里，全国2/3的省份宣布独立，袁世凯虽握有北洋重兵，但单靠这点武力，吓唬吓唬革命党或许有余，真要用它来剿杀全国的革命力量却不足，甚至是自取灭亡。袁世凯掂量掂量了自个儿的分量，决意用所谓"文明"

的手段对付革命。还在湖北督师的时候，他就向革命阵营抛出了和谈的诱饵。口口声声要为清廷"鞠躬尽瘁"的袁世凯，其实并不打算为它殉葬。被革命吓破了胆的清廷拱手把军政大权交给袁世凯，希望他能力挽狂澜。但是一朝大权在握的袁世凯并不驯服，是战还是和，清廷全由袁世凯说了算。再者，清廷最关心的是保持皇位永固，至于采取何种方略来达到这一目的，它本来就没有定见。袁世凯还得探探列强的心思，他一到北京就和驻东交民巷的公使团频频联系。列强觉得清朝是保不住了，也把扶植的目标转到袁世凯身上，公使团做出了"保障袁世凯的地位并给以便宜行事机会"的选择。当袁世凯透出欲与南方革命党和谈的口风时，英国公使朱尔典立即出马为他牵线搭桥。这样，袁世凯就可以放心大胆地玩弄和谈阴谋了。

再看看革命阵营这一方对和谈的态度。尽管全国2/3的省份陆续独立，尽管取得了像克复南京这样的军事胜利，但革命党人看不到自身的优势，他们看到的只是胜利中的困难，诸如财政匮乏，军队缺乏训练、缺乏统一指挥，各省之间不能协调配合等等。北伐的调子虽然唱得很高，但革命党人的内心并没有多少底。黄兴私下里对人说：如果真要打下去，还不知鹿死谁手呢！宋教仁也认为攻打北京之类的豪言壮语，用来鼓舞士气则可，真要付诸行动则很困难。当时，还有一件令革命党人十分担心的事，那就是怕战争延续下去，会造成社会的大动乱，更严重的是可能招致列强出兵干涉。这种阴影笼罩着一般革命党人的心理，他们盼望战争早一点结束，早一点实现共和的理想；如果能用武力以外的方式来达到共和，他们是乐意为此做出一些让步的。

混迹革命阵营里的立宪派和旧官僚，虽然已经把宝押在了共和上，坚持要把紫禁城里的皇帝赶下台，但他们对于由谁来达到这一目的，有着和真正的革命党人不同的考虑。出于种种动机，立宪派和部分旧官僚不得不与革命党挤在了同一条船上，但他们心里对革命党存在着天然的轻视和排斥。他们不认为这些稚嫩的革命党人真的能给中国带来稳定和强盛，真的能给他们带来权位和名望。如果由袁世凯这样的人物出来收拾局面，他们是放心的；因为在他们看来，袁世凯老成持重、富有经验，而且头脑也算开明。更深一层的考虑在于，袁世凯是旧营垒中的大人物，如果他做了未来共和国的主宰者，想必不会亏待昔日在同一屋檐下的朋友吧。立宪派的首脑张謇在1911年6月入京途中，特意拜访了当时闲居彰德的袁世凯，二人纵论天下事，脾胃甚相投。张謇从袁府出来就得意地对人说："慰亭毕竟不错，不枉老夫此行也！"

革命阵营里的情形如此，所以当袁世凯一表示要和谈时，竟不惜把未来民国大总统的位子默许给他，生怕袁世凯缩回头去。黄兴在南京临时政府成立后说过一段沉痛的话，把当时的情形剖析得十分明晰。他说："附合革命者……暗与袁通气。加以黎宋卿本非革命者，更坚主和议，我若过于强制，他即单独与袁议和。大势如此，我何能独持异议。孙大总统初回国，尚不知此中内容，责我过于软弱，我只好忍受。"

袁世凯选择和议，并非为了争取保留清朝的皇位，只是为了给自己猎取统治中国的地位。革命阵营选择和议，是为了尽早实现共和的理想，为了这一目的，他们一方面不得不对袁世凯做出巨大的让步，另一方面又想方设法来防止袁世凯野心的膨胀。谈判桌上不见硝烟的斗争也有一番惊心动魄之处。

秘密和公开的和议几乎同时展开。知名度颇高的革命党人汪精卫刚刚从监狱里释放出来，袁世凯即命大儿子袁克定与之结交，一心要把汪精卫收为己用。袁克定和汪精卫结拜为义兄义弟，汪精卫有了这种特殊身份，开始在袁世凯和革命阵营之间穿针引线，做起了秘密沟通的工作。袁克定直截了当地向汪精卫提出了和议的三条件：举其父为临时总统；南北统一；其父对蒙藏用"皇帝名义"。袁克定要求汪精卫把以上三项要求秘密地转达给南方的革命党人。

袁世凯的两员心腹大将冯国璋和段祺瑞：一个主战，一个主和。袁世凯利用主战的冯国璋攻下汉口、汉阳，向革命阵营施加了一阵军事压力后，就在12月9日将他调回北京，而换上主和的段祺瑞来主持武汉方面的军事。段祺瑞一面向湖北军政府暗示：若举袁世凯为总统，则共和有望；一面遣派廖宇春赴上海，与黄兴的代表顾忠琛秘密谈判，于12月20日初步达成五项协议：确立共和政体；优待清皇室；先推翻清政府者为大总统；南北满汉出力将士各享其应得之优待；同时组织临时议会，恢复各地之秩序。

12月上旬和中旬，公开正式的和议也拉开了帷幕。12月6日，袁世凯拟定的交涉条件电达汉口。在这份交涉条件里，袁世凯除了提出由唐绍仪充当他的代表与南方谈判外，还要求继续停战15日，并别有用心地要求把晋、陕及北方"土匪"排除在停战范围之外。显然，他想利用和议之机，剿灭北方各省的革命力量。当时在汉口开会的各省代表议决同意唐绍仪为北方谈判代表，并推选伍廷芳为南方谈判代表，同时表示停战应该是全国范围的，各处革命军和清军都应按兵不动。但是袁世凯根本不理会这一要求，还是在和议期间屡屡进攻北方各省的革命力量。

12月7日，袁世凯被清廷任命为议和全权大臣，他即刻派唐绍仪南下。11日，唐绍仪到达武昌面晤黎元洪。由于南方各省的谈判代表伍廷芳不愿离开上海，唐绍仪只得顺江而下，于17日抵达上海。时有英国商人李德立在唐、伍之间联络，唐绍仪就住在他家中。

12月18日，在上海英租界南京路议事厅内，唐绍仪和伍廷芳正式走到了谈判桌的两端。至月底，双方共会谈了五次。火热的唇枪舌剑表面上围绕着国体问题展开。唐绍仪此次南下，实际上背负着双重的使命：作为清廷的臣子，他表面上不得不唱一唱君主立宪的调子；作为袁世凯的心腹，他实际上要取得革命党推举袁世凯为总统的正式允诺。当伍廷芳坚持把实行民主共和作为和谈的先决条件时，唐绍仪顺势让步，再也不提君主立宪的事。双方商议召集临时国会来公决国体问题。唐绍仪于12月27日将这个初步协议电告袁世凯。袁世凯得悉该电,如获至宝,立即请求清廷召开御前会议,决定何去何从。会上,袁世凯转奏了唐绍仪的电文,认为如果和议决裂,则战祸重起,到时候未必能够稳操胜券,皇位也不一定能够保全。这一席话正好击在了一帮王公贵族的痛处。袁世凯紧接着又说,如果召集国会,则有可能议决采用君主立宪制,那么皇位就永固了;万一议决实行共和,皇室也必将享受到体面而优厚的待遇。这番有得有失的比较旨在引诱清廷同意召开国会,但老谋深算的袁世凯并不想话由己出,最后他恳请王公亲贵们速行会议,早定大计,很轻松地一脚把球踢出去,他只是袖手等待着那个别无选择的决定。

尽管载涛、毓朗一班人反对,但奕劻却主张允唐绍仪之请。次日,清廷下了一道谕令,准允召集临时国会来公决国体问题,并命内阁速筹选举办法,妥善实施。

8月29日,唐绍仪和伍廷芳举行第三次会谈,正式达成了召开国民会议、解决国体问题的协议。接下来双方就代表的产生方法、会议的程序及开会地点展开磋商,议定每省派代表三人,每人一票;若某省代表未到齐,仍享有投三票的权力。关于开会的地点,南方革命党坚持以上海为宜,袁世凯则电示唐绍仪,力争定在北京开会,双方为此僵持不下。

在公开谈判的同时,幕后的密议也在进行。由东南巨绅张謇搭桥,唐绍仪和黄兴等人多次在一个旧乡绅家中密晤,几经折中,双方达成了一个协议:如袁世凯迫使清帝退位,则共和国总统非他莫属。这项秘密协议之所以完成得如此顺畅，与汪精卫是分不开的。和谈开始不久，汪精卫翩然南下，名义上做了南方全权代表伍廷芳的参赞，实则另有图谋。他周旋于南北双方之间，为袁世凯游说。由于汪精卫是同盟会中的重要人物，因此他对黄兴等人产生了一定影响。密谈成交后，张謇密电袁世凯："甲日满退，乙日拥公，东南诸方一切通过"，"愿公奋其英略，旦夕之间勘定大局"。袁世凯得此喜讯，犹如吞下了定心丸，遂加紧筹划他的逼宫行动。

一切似乎都在向着有利于袁世凯方面发展，但孙中山的归国，马上又激起了大波澜。南京临时政府成立，孙中山当选为临时大总统，无异于给袁世凯当头一棒。孙中山回国之初，对南北和议很不满意，在他的心底，依然热望着用血与铁铸成的革命之剑，去打倒清政权，建立一个完全的真正的资产阶级民主共和国。他说："革命之目的不达，无和议之可言也"，"和议无论如何，北伐断不可懈！"但冷酷的现实逼迫孙中山不得不暂时藏掖起他的崇高理想，向旧势力让步，甚至不得不向他的同志让步。就在他当选为临时大总统的那一天，孙中山电告袁世凯说：

> 文前日抵沪，诸同志皆以组织临时政府之责任相属。问其理由，盖以东南诸省，久缺统一之机关，行动非常困难，故以组织临时政府为生存之必要条件。文既审艰虞，义不容辞，只得暂时担任。公方以旋乾转坤自任，即知亿兆属望，而

且前之地位，尚不能不引嫌自避。故文虽暂时承乏，而虚位以待之心，终可大白于将来。望早定大计，以慰四万万人之渴望。

此电的目的，在于让袁世凯放下他的悬疑之心。惯于对别人耍阴谋的袁世凯以为革命党人这次捉弄了他，以为大总统的迷梦已化为泡影，他复电孙中山说："君主、共和问题，现方付之国民公决，所决如何，无从预揣。临时政府之说，未敢与闻。谬承奖诱，惭悚至不敢当，惟希谅鉴为幸。"

袁世凯为了给孙中山一点颜色看，就在孙中山就职的那天，授意北洋将领冯国璋、段祺瑞、姜桂题、段芝贵等联名致电内阁，宣称他们赞成君主立宪，反对共和。与此同时，他宣布唐绍仪逾权，令唐辞职，和谈事宜由他亲自与伍廷芳电商。袁世凯把他的王牌打出来威胁南方革命党，并不意味着他要与南方决裂。表面上，他和伍廷芳之间电文如雪片般飞来飞去，展开了一场滑稽的电报战，实际上却在通过其他渠道试探孙中山的态度。孙中山明确表示："如清帝实行退位，宣布共和，则临时政府决不食言，文即可正式宣布解职；以功以能，首推袁氏。"袁世凯得悉了这个保证，也就安心了。

剩下的问题是迫使清帝尽早退位。唐绍仪被解除代表职务后，并未离开上海，而是继续和伍廷芳密商着清帝退位后的优待条件。清廷之所以能够苟延残喘，一方面是因为革命的力量还没有强大到能立即推翻它的程度，另一方面是由于袁世凯别有用心的维持，他想利用清廷的存在威胁革命党，来达到他的目的。现在既然革命党已承诺推举他为大总统，他也就可以把清廷一脚踢开了。不过袁世凯并不想落个欺负孤儿寡妇的臭名，他要把事情做得漂亮些，绕着弯儿让清廷自己宣布清帝退位。

多年来，握有重权的庆亲王奕劻一直和袁世凯一唱一和。在这节骨眼上，袁世凯又找到了这位贪且庸的亲王。他将议定的清帝退位优待条件密示于奕劻，言称为清室及满人计，当以清帝退位为上上之策。奕劻表示同意。一切安排妥帖后，袁世凯率领全体内阁成员上奏隆裕太后，恳请皇太后和皇上召集皇族密开果决会议。

1月17日，在第一次御前会议上，奕劻率先发言，声称除自动退位外，别无良策。隆裕太后闻言伏案悲泣，载沣等人也意气消沉，不发一语。在第二天的御前会议上，奕劻仍力主退位，遭到部分少年亲贵的反对。

这时候，袁世凯又抛出了另外一套方案，即北京政府和南京临时政府同时取消，在天津另立"临时统一政府"。袁世凯本来想玩个一石二鸟的把戏，却不料招致清廷和南京临时政府的强烈反对。1月19日，当他的亲信赵秉钧在第三次御前会议上提出这个方案时，立即召来王公亲贵的一致反对，就连奕劻也表示另设政府则可，君位则不能废。袁世凯的另外两名亲信马上站出来，梁士诒以财政匮乏、军费不足开支一月相威胁，胡惟德以列强有干涉的趋向相威胁。但王公亲贵死不松口,赵、梁、胡三人无计可施,怏怏退去。

袁世凯的面目渐被王公亲贵看破,一班少年亲贵不甘心拱手听命,结成了一个宗社党,良弼、铁良、溥伟、善耆等成为宗社党的头目。他们虽然没有力量把袁世凯拉下马,但亦成为袁世凯的潜在威胁。

袁世凯的阴谋并不能遮住孙中山的眼睛,1月22日,孙中山公开发电声明说:

>……文前此所以云于清帝退位时,即辞临时大总统之职者,以袁世凯断绝满清政府一切关系,而为中华民国之国民,斯时乃可举袁为总统也。然其后得由上海来电,袁之意非徒不欲去满清政府,且欲取消民国政府,于北方另组临时政府。彼所谓临时政府,果为君主,抑为民主,谁则知之?若彼自谓为民主,谁则保证?故文须俟各国承认民国之后,始行解职。盖欲使民国之基础巩固,决非前后矛盾。袁若能与满政府断绝关系,为民国之国民,文当履行前言。

此项声明公开发表,立即把袁世凯置于尴尬的境地。本来袁世凯要做总统,已是司马昭之心,路人皆知,只是一直没有一个有胆魄的人来点破,让他在清廷与革命党两方之间渔利。孙中山一纸声明,把袁世凯逼上了前台。但袁世凯仍然试图遮掩,他一面放出即将引退的烟幕,一面坦然地向报界宣称自己病体支离,决无做总统之心。不料袁世凯此举激起了孙中山的更大愤怒,他通电痛斥袁世凯:"不特为国民之蠹,且实为清帝之仇。此次停战之期届满,民国万不允再行展期,若因而再起兵衅,全唯袁世凯是咎!举国军民,均欲灭袁氏而后朝食。"

袁世凯受到两方面的夹击,被逼入墙角,只得再次拿出杀手锏来。1月26日,北洋将领46人联名上奏,要求清廷"明降谕旨,宣示中外,立定共和政体,以现在内阁及国务大臣等暂时代表政府,担任条约、国债及交涉未完各事项"。此次行动除冯国璋因任禁卫军统领不便参与外,13天前通电鼓吹君主立宪的那班人物都赫然在内。昨天还反对共和,今日却又赞成共和,真是翻手为云,覆手为雨。这些北洋将领的表演,充分显示了他们不过是袁世凯指挥棒下的应声虫。接踵而来的是一批地方督抚和驻外使节,他们函电交驰,要求清廷速降明谕,宣布共和。

就在1月26日这天,亲贵少壮派的核心人物良弼散朝归家时,被革命党人彭家珍炸毙。一时间十分活跃的宗社党遭此重创,马上沉寂下来。这批养尊处优的亲贵被革命者的炸弹吓破了胆,同时也担心袁世凯不可靠,纷纷逃出北京城。宗社党散去,清廷里连敢说句硬话的人也找不出了,这正中袁世凯下怀。

万般无奈的隆裕太后只得于2月3日授权袁世凯与南京临时政府磋商退位条件。几经磋商,南京的参议院在袁世凯所提方案的基础上确定了清帝逊位后的优待条件,主要内容是:清帝仍保留皇帝的尊号,仍暂居宫禁之内,日后移居颐和园,侍卫照常留用,民

六 南京临时政府和北京临时政府

国每年拨给皇室费用400万元；皇室的私产，由民国特别保护；皇室的宗庙陵寝，永远奉祀。此外，南京临时政府还规定皇族的王公世爵照旧保留，并免服兵役。

2月12日，清廷颁布了退位诏书。延续了260多年的清王朝至此终结。但是清帝逊位的条件是如此优厚，在紫禁城内，俨然还存在着一个小朝廷。这个朝廷一日不去，遗老遗少的复辟梦就一日不灭，于是在后来酿出了1917年张勋、康有为之流的复辟丑剧。直到1924年，这个小朝廷才被冯玉祥将军逐出紫禁城。

4 《临时约法》的制定

清帝的退位诏书，出自袁世凯的老朋友张謇之手，诏书说：

> 今全国人民心理多倾向共和，南方各省既倡议于前，北方诸将亦主张于后，人心所向，天命可知。予亦何忍因一姓之尊荣，拂兆民之好恶。是用外观大势，内审舆情，特率皇帝将统治权公诸全国，定为共和立宪国体，近慰海内厌乱望治之心，远协古圣天下为公之义。袁世凯前经资政院选举为总理大臣，当兹新旧代谢之际，宜有南北统一之方，即由袁世凯以全权组织临时共和政府，与民军协商统一办法。

显而易见，袁世凯打算通过一纸诏书给天下人造成这样一种印象,即他组织临时共和政府的权力得自清廷,而与革命的南京临时政府没有半点关系。诏书颁布的当天,袁世凯俨然以临时共和政府首脑的身份,将诏书副本照知各国驻北京使节,并下令将原内阁中的各部大臣,改称为各部首脑,照旧供职。袁世凯的瞒天过海之计引起了孙中山的警惕,他电告袁世凯:共和政府不能由清帝委任组织!袁世凯却回答说,清帝的委任与否已经不重要了,他已承北方各省军队和全蒙代表推举为临时大总统了。袁世凯的心思再明白不过:我袁世凯做临时大总统,并不需要你们革命党人的抬举。

但是袁世凯并不糊涂,他知道要做临时大总统,还非得骗取南京临时政府的信任不可。就在清帝宣布退位的第二天,袁世凯就急不可待地表白自己的心迹。他电告南京临时政府说:"共和为最良国体,世界之所公认,今由帝政一跃而跻及之,实诸公累年之心血,亦民国无穷之幸福。大清皇帝,既明诏辞位,业经世凯署名,则宣布之日,为帝政之终局,即民国之始基。从此努力进行,务令达到圆满地位,永不使君主政体再行于中国……"袁世凯是要让孙中山等人放心,他是绝对赞成民主共和的。

对于袁世凯的政治品格,孙中山心里是有底的:他昨天可以出卖康、梁,难保他明天不出卖共和!因此孙中山并不放心让袁世凯这类人物来做新生的共和国的掌舵人。但是历史的抉择并不能由个人说了算,而且孙中山终究也必须服从他所属的阶级和营垒,而站在他背后的阶级和营垒恰恰是软弱的、不成熟的。这正是悲剧的根！正如孙中山后来所说："我所信赖的一些朋友们，在当时比我对中国内部关系更有确切的知识，他们以袁世凯得外国列强信任、能统一全国和确保民国的巩固来说服我。"早在议和时，孙中山的助手之一汪精卫，就攻击孙中山反对和议是舍不得总统的位置。在一片妥协的氛围之中，孙中山也不得不接受把临时大总统默许给袁世凯的既成事实。也就在清帝宣布退位的第二天，孙中山向参议院提交了辞呈。他说："当缔造民国之始，本总统被选为公仆，宣言誓书，实以倾覆专制，巩固民国，图谋民生幸福为任。誓至专制政府既倒，国内无变乱，民国卓立于世界，为列邦公认，本总统即行辞职。现在清帝退位，专制已除，南北一心。更无变乱，民国为各国承认，旦夕可期。本总统当践誓言，辞职引退。"为了实践对袁世凯的承诺，孙中山还向参议院推荐袁世凯继任临时大总统。他说："此次清帝逊位，南北统一，袁君之力实多。其发表政见，更为绝对赞成共和。举为总统，必能尽忠民国。且袁君富于经验，民国统一，赖有建设之才，故敢以私见贡荐于贵院，请为民国前途熟计，无失当选之人，大局幸甚。"

孙中山在提交辞呈的同时，附加了三个条件：临时政府地点设于南京，为各省代表所议定，不能更改；辞职后，俟参议院举定新总统亲到南京受任之时，大总统及国务员乃行解职；《临时政府约法》为参议院所制定，新总统必须遵守；颁布之一切法律章程，非经参议院改订，仍继续有效。这三个条件都是针对袁世凯而设的防线，但是这三道防线是脆弱的，它们并不能缚住袁世凯的手脚。

在孙中山提出以上三项条件的时候，《临时约法》尚在紧张的制定之中。1911年11月底12月初，各省代表在汉口制定了一个《临时政府组织大纲》，这个粗糙的文件不能让人感到满意，许多人就酝酿重新制定一个宪法性质的文件来取代它。及至清帝退位，孙中山辞职，袁世凯当选为临时大总统，南京参议院不得不加快制定《临时约法》的进程。从2月7日首次讨论至3月8日草成，前后只花了一个月的时间。3月11日，《中华民国临时约法》正式颁布。整个约法由7章共56条构成，第一章总纲、第二章人民、第三章参议院、第四章临时大总统副总统、第五章国务员、第六章法院、第七章附则。这是一个具有资产阶级共和国宪法性质的约法，基本上贯穿着西方资产阶级的那套主权在民、三权分立的精神。

为什么要在短促的时间里制定出这个《临时约法》？这其中包含着孙中山等革命党人的一番苦心。这个约法的特点，除了突出中华民国的主权属于国民全体之外，重点在于它扩大了参议院和内阁的权力，削弱了临时大总统的权力。按照《临时约法》的规定，参议院对临时大总统有弹劾的权力；临时大总统任命国务员及外交大使公使，须得参议院同意；临时大总统宣战媾和及缔结条约，也要经过参议院同意；国务员（即国务总理及各部总长）辅佐临时大总统，负其责任；临时大总统颁布法律及行政命令时，须由国务员副署……显然，这部《临时约法》是要把南京临时政府实行的总统制变为责任内阁制。实行责任内阁制并不是一个新鲜话题，早在南京临时政府成立之初，宋教仁就狂热地鼓吹过，但那时不仅被一般人士反对，就是在同盟会内部也是响应者寥寥。孙中山当时明确赞成总统制，他在同盟会的一次干部会议上说："内阁制乃平时不使元首当政治之冲，故以总理对国会负责，断非此非常时代所宜。吾人不能对于唯一置信推举之人，而复设防制之法度。余亦不肯徇诸人之意见，自居于神圣赘疣，以误革命大计。"时隔三个月，孙中山却坚持用法律的形式把内阁制确立下来，前后变化这样大，目的在于保住革命的果实。因为三个月前，南京临时政府在革命党人的掌握之中，总统制有利于迅速而果敢地推进革命；三个月后，袁世凯成为临时大总统，对于这样一位野心很大的人物就必须用内阁制来牵制他的行动。这是非常现实的政治权衡。

包括孙中山在内的资产阶级革命者，及他们周围受西方资产阶级思想熏陶的人们，对法律都有一种特殊的崇拜和迷信，以为写在白纸上的黑字可以规范千变万化的人，即使这是一个完全丧失信义的人。他们想用一纸约法，让袁世凯服服帖帖地呆在共和的旗帜之下。后来的事实证明，这只是一厢情愿的空想。当时一些幼稚的外国报刊也发表评论，认为《临时约法》"务在制裁大总统，俾其不得专肆"，纷纷替袁世凯鸣不平，说"袁大总统也渐入于荆棘丛中，殊不易于排解矣"。只有袁世凯心里明白：这个世界上没有一成不变的东西，因此他不动声色地接受了《临时约法》，准备用他谙熟的套路来一步步踢开这个绊脚石。

《临时约法》虽不能缚住袁世凯膨胀的权力欲，但正如毛泽东所言，它"在那个时期是一个比较好的东西"。它的革命性和民主性都是鲜明的。中国是一个封建专制根子扎得很深的国度，孙中山和他的同志们试图把民主共和的精神用法律确定下来，去斩绝帝统，推翻专制，这是一个良好的尝试。

5 政府北迁与政权性质的改变

2月14日，南京参议院召开临时大总统选举会，共17省代表出席会议，每省一票，选举的结果在人们的意料之中，袁世凯以17票当选为临时大总统，黎元洪当选为副总统。参议院将选举结果电告袁世凯，恭维他为"世界之第二华盛顿，中华民国之第一华盛顿"。袁世凯马上在北京组建了临时政府筹备处，俨然以新举临时大总统自居。

但是南京的孙中山还坚守着最后的阵地，他虽然宣布辞职，却没有解职，他在等待着袁世凯履行他所提出的三项条件。三项条件中遵守《临时约法》一条对于袁世凯而言并不难办，他可以先承诺下来，待大权揽入手中后再思更改。但临时政府定都南京和新大总统南下就职两条是摆在眼前的现实问题，令袁世凯大伤脑筋。孙中山摆出这两条，目的在于把袁世凯请出老巢，让袁世凯与北方的封建顽固势力，尤其是实力赫赫的北洋系统相割绝。从当时的形势来看，这种策略只可能暂时抑制袁世凯的野心，并不能解决根本问题。因为无论袁世凯在北京还是在南京，旧势力都会和他站在一起，北洋系还是他的北洋系；在北京他能做皇帝梦，在南京他照旧可以做皇帝梦，只不过麻烦多一点。

即便如此，袁世凯还是不乐意离开他经营多年的老巢。早在2月13日袁世凯通电发表政见时，就流露出不愿南下的心态。他说："现在统一组织，至重至繁，世凯极愿南行，畅领大教，共谋进行之法。只因北方秩序不易维持，军旅如林，须加部署，而东北人心，未尽一致，稍有动摇，牵涉全国。诸君皆洞鉴时局，必能谅此苦衷。"袁世凯这一席看似推心置腹的话，目的是要封住南京临时政府的嘴。孙中山不为所动，接连致电袁世凯，催他南下就职。

关于定都何处，革命阵营内部是有分歧的。2月14日参议院讨论这个问题时，议员谷钟秀、李肇甫等提议以北京为临时政府所在地，投票表决的结果是赞成临时政府设在北京。孙中山、黄兴等闻讯气愤异常，咨文参议院要求复议。孙中山、黄兴等暗中对众参议员晓以利害，得到了不少人的理解。第二天复议的结果，仍决定以南京为临时政府所在地。表面上虽然统一了认识，但是分歧依然无法消弭。所以在以后的斗争中，孙中山身后并没有强有力的支持，他的身后只有一片松动的土壤，这就注定了妥协的必然性。

六 南京临时政府和北京临时政府

袁世凯却有恃无恐。盘踞在北京的旧官僚和北洋军人都不愿意都城南迁，也反对袁世凯南下就职。如果都城南迁，他们将失去惯熟的名利场；如果袁世凯南行，他们将失去庇荫的大树。东交民巷里外国公使团的先生们也竭力反对定都南京，因为根据《辛丑条约》，列强已在北京地区谋得种种特权，足以指挥北京城里的那个政权。虽然袁世凯到南京后，依然是他们釜中的鱼，可必将要另起炉灶。所以列强向南京临时政府施加压力，纷纷表示迁都南京是一种过分的要求。

武昌的黎元洪自觉羽翼日渐丰满，在清帝退位前向南京临时政府和袁世凯发出了一个呼吁，要求双方派代表赴鄂，共同组建正式的共和政府。不料此言一出，既没得到南京临时政府的呼应，又招致袁世凯的忌恨。黎元洪本想乘机自重，却讨了个没趣，只好闭口不言。此时黎元洪暗窥局势，把宝押在了袁世凯身上，在定都问题上帮袁说话。黎元洪称："舍南京不至乱，舍北京必至亡。纵金陵形势胜于北京，犹当度时审势，量为迁就，况利便之势相判天渊乎？"

尽管孙中山屡次电催袁世凯南行，袁世凯却自觉腰杆很硬，稳坐在北京不动。到了2月16日，袁世凯被催得急了，就电告南京临时政府，公然以退居相要挟。他说：

> 若专为个人职任计，舍北而南，则实有无穷窒碍。北方军民意见尚多分歧，隐患实繁。皇族受外愚弄，根株潜长；北京外交团向以凯离此为

虑，屡经言及；奉、江两省，时有动摇，外蒙各盟迭来警告，内讧外患递引互牵。若因世凯一去，一切变端立见，殊非爱国救世之素志。若举人自代，实无措置各方面合宜之人。然长此不能统一，外人无可承认，险象环生，大局益危。反复思维，与其孙大总统辞职，不如世凯退居。

袁世凯的要挟并不能改变孙中山的初衷。孙中山见电催无效，便决定派专使到北京迎袁南下。2月27日，迎袁专使蔡元培和随员魏宸组、宋教仁、汪精卫、钮永建、刘冠雄、王正廷、黄恺元、曾昭文一行抵达北京。等待他们的不是冷冰冰的鸿门宴，而是盛况空前的欢迎仪式：车站扎有松彩牌楼，街道两旁五色旗迎风招展，600人的警卫队声势赫赫；更有赵秉钧等13名陪同人员鞍前马后，分外殷勤。第二天，袁世凯亲自举行茶话会欢迎蔡元培。会上，袁世凯真诚表示极愿南下，只等留守人选确定下来，他立刻启程。袁世凯似乎真地决意南下，会后甚至和他的亲信商议起留守人选来。

欢迎会后，京津两地一夜之间冒出了众多的所谓团体，它们纷纷向蔡元培等人表示，不愿袁氏南下就职。一面是袁世凯面许南下，另一面是"民众"团体反对袁南下，弄得蔡元培等人如坠雾中，不知袁世凯葫芦里卖的什么药。蔡元培等人只是咬定欢迎袁世凯南下一条不松口。

2月29日黄昏，驻扎在朝阳门外北洋第三镇一部突然发生兵变，乱兵闯入东城，焚掠至天明。蔡元培等人所住的法政学堂也不能幸免，专使的行李被洗劫一空。慌乱之中，蔡元培等人只得避入东交民巷的六国饭店。第二天，西城又发生了类似事件，一时间繁华的京都变得疮痍满目、人心凄惶。兵变还波及天津和保定。

尽管袁世凯本人矢口否认，他的亲信也替他百般粉饰，但种种迹象表明：袁世凯是这场兵变的幕后策划人。他要借兵变证明他不能离开北方！为了一己私利，而视百姓的生命财产为儿戏，不能不令人联想到三国时代的曹操的话："宁我负天下人，莫天下人负我！"袁氏的心态，大抵如此。

一场兵变果然给袁世凯带来了预期的福音。京津地区的各团体鼓噪起来，把矛头对准了南京临时政府，指责它挑起的定都之争招致如此大祸。列强亦打着保卫使馆的幌子增兵京津地区。3月初，英军1000人，美、法、日、德军各200人开进了北京城。袁世凯不失时机，再次拿出他的看家武器，授意冯国璋、段祺瑞等北洋将领联名通电，主张临时政府设在北京。

蔡元培等人完全落入了袁世凯的圈套，于3月2日将兵变及列强增兵情形电告南京方面，建议迁就袁世凯，避免招致内忧外患。害怕列强干涉，是革命党人的心病，时势至此，除了再次向袁世凯让步之外，似乎别无良策。3月6日，南京参议院电告袁世凯，允许他在北京就职。孙中山苦心设置的防线就这样被摧毁了。

3月10日，在北京石大人胡同前清外务部的公署里，袁世凯宣誓就职。他信誓旦旦地说：

> 民国建设造端，百凡待治。世凯深愿竭其能力，发扬共和之精神，涤荡专制之瑕秽，谨守宪法，依国民之愿望，达国家于安全强固之域，俾五大民族同臻乐利。凡此志愿，率履勿渝。候召集国会选定第一期大总统，世凯即行辞职。谨掬诚悃，誓告同胞。

蔡元培出席了这个就职典礼，他代表参议院接受了袁世凯的誓词，并代表孙中山致祝词。北洋军阀和官僚弹冠相庆，看着他们的主子套上了临时大总统的礼服。袁世凯的老朋友、英国公使朱尔典也亲自前来相贺。袁世凯费尽心机，终于攫取到了他梦寐以求的权力。

依照3月11日颁布的《中华民国临时约法》，总统制改为责任内阁制。袁世凯不便于公开反对这个约法，但他心里却揣着"小九九"：革命党人不是要用内阁来牵制我临时大总统吗？那我就来组织一个围着我转的内阁。袁世凯提名他的心腹唐绍仪出任内阁总理，孙中山则坚持由一名同盟会员担此重任。双方几经磋商，最后达成了一个折中方案，即唐绍仪先加入同盟会，再以同盟会员的身份出任内阁总理。陆军总长是内阁之中另一重要位置，革命党人坚持由黄兴出任此职，素来视军队为命根子的袁世凯坚决拒绝，他坚持由他的心腹段祺瑞出任陆军总长，由黄兴任南京留守处留守，统领南方各省陆军。

几经折中，还是袁世凯占了上风。3月23日，经参议院通过，唐绍仪由袁世凯任命为内阁总理，赴南京组阁。3月30日，内阁人选正式发表（见表2）。

表2　内阁人选

陆军总长	段祺瑞	司法总长	王宠惠
海军总长	刘冠雄	教育总长	蔡元培
外交总长	陆征祥	农林总长	宋教仁
内务总长	赵秉钧	工商总长	陈其美
财政总长	熊希龄	交通总长	施肇基

表面上看，包括唐绍仪在内，同盟会员占了半数之多，因而被人称作"同盟会中心内阁"。实际上，陆军、海军、内务和外交四部都控制在袁世凯的心腹手中，同盟会员出任部长的，只是教育、农林、工商和司法四部。因此这个内阁是个货真价实的袁派内阁，同盟会并不能在其中起主导作用。

4月1日，孙中山正式解职。5日，参议院议决临时政府迁往北京。存在了三个月的南京临时政府转换成了北京临时政府，这不仅仅是临时政府地点的变迁，而且还意味着政权性质的改变。中华民国由此逐渐陷入到北洋军阀统治的黑暗时代。辛亥革命为之奋斗的目标，眼看就要付之东流了。

七　辛亥革命的成功与失败

　　辛亥革命推翻了清王朝的统治，产生了中华民国。如果只是把一个年幼的皇帝从宝座上轰走，那么辛亥革命就毫无意义了。辛亥革命的意义在于斩断了中国两千余年的封建帝统，这在中国历史上是开天辟地的伟业。从秦至清，换了一朝又一朝，但帝统延绵不绝，不管谁做皇帝，中国都是一家一姓的私产。辛亥革命不是传统意义上的改朝换代，而是用资产阶级的民主共和取代封建君主专制，从此"敢有帝制自为者，天下共击之！"尽管辛亥革命后一段时期里，复辟的幽灵还在神州的上空徘徊，尽管还有像袁世凯这样的皇权迷，但是封建君主专制已成落叶，一去不复返了。

　　辛亥革命是近代中国比较完全意义上的资产阶级民主革命。它不仅是政治革命，也是思想革命。救亡图存、改造中国是中国近代社会的主旋律，几乎每个阶级都有杰出人物站出来，寻找着新的思想武器，试图改造或重造中国。林则徐、魏源提出"师夷长技以制夷"，洋务派主张"中学为体，西学为用"，维新派试图把部分西方政治之花嫁接在中国封建君主制的枯木上，洪秀全则想利用西方的宗教来装点传统的农民起义……种种努力，都是试图推动历史前进，但无论在实践上，还是在思想上，它们或者完全失败，或者收效不大。以孙中山为代表的资产阶级革命派，不仅用西方资产阶级民主思想和革命思想来武装自身，还努力把这种思想宣传到社会上去，掀起了冲决封建罗网的资产阶级民主革命思潮。任何一场政治革命，都以思想革命为先导，辛亥革命也不例外。辛亥革命在政治上、思想上给中国人民带来了不可低估的解放作用，民主共和的观念从此深入人心。由此可以说，辛亥革命在思想上所引起的震动也波及中国社会的深层，从而促进了中国思想界的近代化。这是辛亥革命的又一贡献。

但是辛亥革命的胜利又是不完全的，在胜利之中蕴含着失败。皇帝虽然被赶下了台，共和的牌子也亮了出来，但资产阶级民主共和的理想远远没有达到，盘踞在中国人民头上的，仍旧是封建余孽和大大小小的新、旧军阀，中国陷入一种混乱无序的状态。中华民国虽然宣告诞生，但是中华民族并没有从此站立起来，而是依旧受到帝国主义的奴役。封建思想和封建文化虽然受到冲击，但这种冲击是浅层的、非致命的，所以才有后来的新文化运动。新文化运动打起科学和民主两面旗帜，既是资产阶级新民主运动的先声，也是给辛亥革命补课。

辛亥革命没有能解决中国近代社会的两大矛盾，即中华民族和帝国主义的矛盾、人民大众同封建专制的矛盾。从这个意义上讲，辛亥革命是一次没有达到目的、失败了的革命。

一次成功的革命，往往需要一个强大的阶级，或几个阶级的联合来做后盾。但是中国资产阶级是孱弱的，这个半殖民地半封建社会的产儿先天不足。她不是中国社会经济发展到一定程度的自然产物，她不但不能从母体内吸收充足的养料，反而受到西方资本主义和本国封建主义的欺凌。从理论上讲，这个阶级自身还没有积聚起发动一场革命的强大推动力量，革命缺乏资产阶级作为阶级力量的后援。但是，空前的民族生存危机，把新生的中国资产阶级推到了历史的前台，让她担负起救亡图存的重任。中国资产阶级的先知者，就是接受过一些西方资本主义思想和文化洗礼的新型知识分子，他们代表中国资产阶级的利益，为了救亡而摇旗呐喊，造成刻不容缓的声势。他们的思想走到了整个阶级的前面，他们点燃的火苗因为缺乏足够的燃料和氧气而不能熊熊燃烧。

问题还在于，中国资产阶级并不是作为一个阶级整体投入到辛亥革命中去的。当时中国资产阶级在政治取向上分裂为两大阵营：改良派和革命派。从19世纪90年代直到辛亥革命胜利后一段时期内，革命派和改良派并立于中国政治舞台上。1900年前后，两派（主要是革命派）试图走联合的道路，但终因主张不同、立场有别而分道扬镳，继而发展到互相排斥和攻击。中国资产阶级本来就孱弱，两派之间势同水火的内斗又严重削弱了这个阶级的整体力量。清廷的皇族内阁出台以后，尤其武昌起义爆发后，改良派似乎逐渐靠拢革命乃至汇入革命的潮流之中，这虽然壮大了反清的力量，但改良派并不是向革命派输诚，他们是带着整套改良主张进入革命阵营的，这样一来，革命也就被打上了改良和妥协的烙印。

单就革命派本身而言，也存在着许多问题。随着革命形势的发展，1905年出现了同盟会这样一个全国性的统一组织。尽管同盟会有公认的领袖、共同的纲领、完整的结构，但其内部的分裂倾向愈演愈烈。本来同盟会就是全国各革命团体联合组成的，地域的不同、思想的分歧和革命方法的不尽一致，这几大因素膨胀起来必然导致分裂。三民主义是同盟会的纲领，但不是三民主义的每一个方面都为其全体成员所接受，很多人参加同盟会，或者是抱着一民主义，或者是抱着二民主义来的。民族主义即反满，为全体革命者接受，民权主义和民生主义却并非如此。在革命的方法问题上，有人主张边地革命，有人主张中部革命，也有人主张中央革命，还有人主张个人暗杀活动。同盟会虽然拥有像孙中山、黄兴这样的领袖人物，但缺乏一个坚强的领导核心。孙中山的领袖地位屡屡受到冲击，实际上从1908年至武昌起义爆发，他很少过问同盟会本部的事情，也不愿意以同盟会的名义进行活动。

从1907年第一次倒孙高潮起，同盟会逐渐陷入一种分裂、涣散和瓦解的状态。显然，这样一个虚弱的政党是无法领导革命取得彻底成功的。

作为中国资产阶级先进代表的革命派，自然也无法摆脱这个阶级的缺陷。包括孙中山在内,大多数的革命党人都对帝国主义列强抱着不切实际的幻想,天真地以为能从列强那里得到援助。孙中山在海外奔走16年,辗转于列强门下,得到的不是援助,只是冷漠和屈辱,倒是各国人民,给予了中国资产阶级革命道义上和物质上的帮助。革命派不仅幻想得到列强的援助,更害怕革命真会如改良派所说招致列强的干涉,这是他们内心最恐惧的事情。尽管革命派能够认识到帝国主义是带给中国灾难的元凶,却不敢站出来喊一声"打倒帝国主义",反而要承认列强取得的在华种种特权。

中国是一个农业国家,尽管历史步入近代,农民已不是最先进的阶级,但在他们中间仍然蕴藏着扭转乾坤的力量。在中国,谁发动了农民,谁取得了农民的支持,谁就掌握了革命的主动权和制胜的力量。但是资产阶级革命派恰恰没有发动农民阶级。革命派心目中的理想革命是一种有秩序的、文明的革命,他们害怕把农民发动起来,造成天下大乱的局面。因此,在整个辛亥革命时期,资产阶级革命思想的传播局限于中等阶层,包括中、小资产阶级及其知识阶层以及少数地主阶级中的开明分子。广大乡村依然笼罩在封建礼教的黑暗之中,农民和革命派始终是隔膜的。土地问题是农民最关心的问题,但无论是孙中山的民生主义,还是章炳麟的均田思想,都带有空想的因素,并不能解决实际问题。

再看看革命派的对手清政府。中国封建社会以其稳定性而著称，这种稳定性很大程度上来源于封建地主阶级的内部调整。康、乾盛世以降，清朝虽然显露出末世的衰败景象，但以皇室为核心的统治阶级仍然在顽强调整他们的统治秩序。1840年以后，清朝统治阶级在内忧外患的冲击下，一直在不停地调整他们的统治方法乃至统治思想。太平天国运动后兴起的洋务运动、20世纪初开始的新政、1906年以后的筹备宪政，都是这种调整的表现。调整的结果，虽然不能改变其垂亡的趋势，虽然跟不上历史前进的步伐，但毕竟加强了他们的力量，从而也就增大了革命的阻力。清末北洋集团的崛起，就是这一系列调整的产物，它是革命派最强悍的对手。革命派通过辛亥革命组织起来的南京临时政府，终于被以袁世凯为代表的北洋集团一步步篡夺过去。辛亥革命的成果被北洋集团的黑暗统治及其后的军阀混战掩盖了。辛亥革命的失败在此，其悲剧性也在此。

辛亥革命的失败，是历史的必然性和偶然性相结合的产物。

辛亥革命有它伟大成功的地方，也有它失败悲剧之所在。但是，回顾、总结这一页历史，我们还是要说，辛亥革命是中国近代民主革命进程中绚丽的一页，是中国人民追求解放的壮丽的一幕。这次革命彪炳青史！这次革命中的英雄们舍生取义，勇往直前，不怕牺牲，艰苦奋斗的革命精神永远值得后人仰慕。辛亥革命英雄们的业绩永垂不朽！

八　辛亥革命的伟大历史意义：纪念与评价

2011年,我们将迎来对近代中国历史进程有着极为重大影响的两个纪念日:一个是中国共产党成立90周年纪念日,另一个是辛亥革命100周年纪念日。纪念这两个日子,都是很有意义的。

在了解了辛亥革命的历史以后,怎样来认识辛亥革命的伟大历史意义呢?

20世纪的第一年,正是八国联军侵略中国并且强迫清政府签订《辛丑条约》的时候。《辛丑条约》把中国作为一个独立国家的主权差不多剥夺干净了。清朝廷的最高统治者慈禧太后却不以为耻,反而感谢列强没有瓜分中国,发誓要"量中华之物力,结与国之欢欣"。以孙中山为首的革命者,为了"振兴中华",推动中国社会的进步,决心用革命的方式,推翻"洋人的朝廷"。孙中山、黄兴等组织了中国第一个资产阶级革命团体——中国同盟会,把分布在海内外的中国革命者和先进的知识分子团结在自己的周围,为反清革命做了大量的思想启蒙、舆论宣传工作,发动了多次武装起义,大大推动了中国反清革命的进程。迫于形势,清政府不得不进行一些有限的改革。但是,在半殖民地半封建社会条件下,在帝国主义列强的监视下,这种改革只是从挽救封建朝廷的危亡出发,不可能从根本上冲击封建统治,不可能满足民族资产阶级参加政权的需要。同时由于巨大的对外赔款和开展"新政"所需大量经费,严重加大了广大人民群众的负担。这样,辛亥革命的爆发就是必然的了。1911年4月的广州黄花岗起义、8~9月的四川保路运动、10月武昌首义以及随后的各省响应,是标志辛亥革命发生的一系列政治事件。辛亥革命推翻了清朝统治,结束了两千多年的封建帝制,成立了中国历史上第一个民主共和国。辛亥革命是中国近代历史发展的重要的转折点,是反帝反封建的资产阶级民主革命的起点,是一个伟大的里程碑,它把中国历史向前推进了一大步。由于时代条件和资产阶级的软弱,辛亥革命又是一次不彻底的革命,它没有完成反对帝国主义、反对封建主义的任务,没有给中国带来独立、民主和富强。它的胜利和失败,给此后的反帝反封建革命提供了经验教训,开辟了前进的道路。从这个角度说,中国共产党领导的新民主主义革命及其胜利,是与辛亥革命有关的,是辛亥革命的继续。

新中国成立以来,除了1951年、1971年特殊的时代背景以外,凡是辛亥革命和孙中山生辰、忌辰的逢十纪念,党和国家都是以最高规格举行纪念大会。这样的大会总共进行了十多次。所谓最高规格,是指党和国家的最高领导人或者全部出席,或者大部分出席;党和国家主要领导人发表重要讲话,《人民日报》发表专题社论。这就是说,每逢十年一次举行的纪念辛亥革命或者孙中山的活动,成为全国重要的政治活动,是全国政治生活中的大事。像这样60年一贯进行的政治生活中的大事,只有中华人民共和国国庆、中国共产党生日可以与之相比拟。

为什么党和国家这样重视纪念辛亥革命呢?这是由共产党人的历史观决定的。马克思主义的唯物史观是共产党人观察历史发展进程的指导思想。正是依据这一思想,中国共产党人确认辛亥革命是近代中国历史前进的代表性事件。

辛亥革命的英雄们为了推翻清朝反动、腐朽的统治而不屈不挠奋斗的革命精神,孙中山为了振兴中华、推进中国现代化的努力,正是新中国在推进社会主义现代化建设中需要借鉴的精神。

纪念辛亥革命还有一个现实的理由,就是实现中华民族的最广泛的大团结,完成祖国统一,建设统一、民主、富强的社会主义祖国。把纪念辛亥革命和祖国统一的现实任务紧密结合起来,和建立中华民族最广泛的爱国统一战线联系起来,这是现实的政治需要,这就是现实的政治。这样我们就理解了为什么纪念辛亥革命、纪念孙中山是全国重要的政治活动,是全国政治生活中的大事。同时,我们更加理解了,辛亥革命不仅仅是20世纪初期中国的一次革命运动,一次重大的政治事件。这样的一次革命运动,这样的一次重大政治事件,以其本身的魅力影响了整个20世纪中国的历史进程,积淀了近代以来中华民族的革命传统和文化传统,成为团结和凝聚中华民族力量的一个重要源泉。由辛亥革命所凝固起来的这样的民族精神是永远需要发扬的!

1912年孙中山解除临时大总统的职位后,立即在各种场合大谈中国的社会主义发展前途问题。孙中山多次说过,他所主张的民生主义就是社会主义。他说,把Socialism译成民生主义比译成社会主义更妥当些。但他1912年7月在上海对中国社会党的长篇演说,通篇只讲社会主义,不讲民生主义。更为重要的是,在孙中山此后的经历中,差不多每遇到一次失败后,就要谈一次社会主义。1924年在改组中国国民党的过程中,他曾反复强调社会主义、共产主义是中国历史发展的归宿。我们从《孙中山全集》中可以读到这方面的许多文字。

孙中山出生于农民家庭,幼年参加农业劳动,从小产生了对劳动人民的深刻同情。他遍游欧美,看到发达资本主义国家劳资间的斗争状况和社会主义运动的兴起,希望在中国避免资本家专制的流弊。他说过:"我希望看到人民大众的生活状况获得改善,而不愿帮助少数人去增值它们的势力。"他认为,"政府有推翻之日,资本家亦有推翻之日"。他在晚年提出耕者有其田、节制资本的主张,就是试图在中国探索非资本主义道路的可能性。孙中山的社会主义虽然与科学社会主义有本质区别,但他崇拜马克思和马克思主义,他的思想主张在一定程度上受到科学社会主义的影响,是肯定无疑的。他强调共产主义是人类的最高理想,共产主义是社会主义的上乘,民生主义就是社会主义,就是共产主义。他相信,中国社会将来也要发展到共产主义去,虽然那是数千年后的事。俄国十月革命后,孙中山主张"以俄为师",甚至希望在中国不再建立英、美那样的资产阶级共和国,而是像苏俄那样的人民共和国。

辛亥革命的失败,推动孙中山去探索中国社会发展的新道路。我们说社会主义是中国历史的选择,并不单指共产党人而言,包括孙中山在内的一批与时俱进的革命者,都曾不同程度地考虑、宣传、呼吁过中国的社会主义发展前途问题。今日中国社会的发展,是百余年来尤其是辛亥革命以来千百万志士仁人奋斗的结果。

孙中山的社会政治理想,在辛亥革命以后,不仅北洋军阀未能实现,国民党政府也未能实现。1949年中国共产党在全国执政以后,中国彻底摆脱了半殖民地半封建社会,才有条件实现孙中山提出的耕者有其田和节制资本的主张,才有可能开展大规模的现代化建设事业。美国著名中国近代史学者韦慕廷(C. M. Wilber)在其所著《孙中山——壮志未酬的爱国者》一书末章写下的最后一句话:"孙中山为中国谋求解放的梦想,只是在半个世纪后才逐步实现的",确是正确的结论。孙中山对社会主义的憧憬,在今日已成为现实。中国人民经过60年的摸索和奋斗,社会主义制度已经在中国扎下了根。只有社会主义能够救中国,只有社会主义能够发展中国,绝不是一句空话,它是从近代中国的历史发展过程中概括出来的,有着深刻的历史内涵。中国今天实行的社会主义市场经济制度和中国特色的社会主义体制所形成的中国道路,已经大大超越了孙中山和辛亥革命先辈的理想,在总体经济发展上已经居于世界第二位,这是孙中山和辛亥革命先辈难以想象的。可见,中国共产党不仅继承了孙中山的事业,而且大大发展了他的理想。孙中山泉下有知,对今日中国的改革开放和社会主义现代化建设所取得的辉煌成就,定当是热烈赞成的。

2010 年 8 月 1 日补写

参考书目

1. 章开沅、林增平主编《辛亥革命史》3册,人民出版社,1980。
2. 刘大年著《赤门谈史录——论辛亥革命的性质》,人民出版社,1981。
3. 李新主编《中华民国史》第一编《中华民国的创立》上下册,中华书局,1981。
4. 金冲及、胡绳武著《辛亥革命史稿》4册,上海人民出版社,1980、1985、1991。
5. 吴玉章著《辛亥革命》,人民出版社,1963。
6. 尚明轩著《孙中山传》,北京出版社,1981。
7. 薛君度著《黄兴与辛亥革命》,湖南人民出版社,1980。
8. 黎澍著《辛亥革命几个问题的再认识》,《中国社会科学》1981年第5期。
9. 张海鹏著《黄兴与武昌起义》,《历史研究》1993年第1期。

再版后记

《辛亥革命史话》是我在十年前策划、组织的《百年中国史话》丛书中的一种。这本小书,是我和我的学生邓红洲合作撰写的。写这本书,是要把学术界已经积淀形成的有关辛亥革命历史研究的成果,用通俗易懂的文字表述出来,让广大读者易于了解辛亥革命这一我国历史发展中的重大事件,了解它的来龙去脉,了解它的历史意义。辛亥革命马上就要迎来它的100周年。社会科学文献出版社要在这个重要的纪念日到来的时候,再版这本书,很有意义。我应出版社要求,重读了这本小书,觉得还是可以再版,在重读中,做了一些文字校改,补写了最后一部分:从纪念和评价的角度,观察分析了辛亥革命的伟大历史意义。在迎来辛亥革命100周年的时候再版,我认为补写这一段话,是需要的。

出版社的赵薇编辑,也校阅了全书,对一些文字做了必要的修订。作为作者,对出版社以及编辑的努力,谨表示感谢!

张海鹏

2010年8月1日于北京东厂胡同一号

《中国史话》总目录

系列名	序号	书名	作者
物质文明系列（10种）	1	农业科技史话	李根蟠
	2	水利史话	郭松义
	3	蚕桑丝绸史话	刘克祥
	4	棉麻纺织史话	刘克祥
	5	火器史话	王育成
	6	造纸史话	张大伟　曹江红
	7	印刷史话	罗仲辉
	8	矿冶史话	唐际根
	9	医学史话	朱建平　黄　健
	10	计量史话	关增建
物化历史系列（28种）	11	长江史话	卫家雄　华林甫
	12	黄河史话	辛德勇
	13	运河史话	付崇兰
	14	长城史话	叶小燕
	15	城市史话	付崇兰
	16	七大古都史话	李遇春　陈良伟
	17	民居建筑史话	白云翔
	18	宫殿建筑史话	杨鸿勋
	19	故宫史话	姜舜源
	20	园林史话	杨鸿勋
	21	圆明园史话	吴伯娅
	22	石窟寺史话	常　青
	23	古塔史话	刘祚臣
	24	寺观史话	陈可畏
	25	陵寝史话	刘庆柱　李毓芳
	26	敦煌史话	杨宝玉
	27	孔庙史话	曲英杰
	28	甲骨文史话	张利军
	29	金文史话	杜　勇　周宝宏

系列名	序号	书名	作者	
物化历史系列（28种）	30	石器史话	李宗山	
	31	石刻史话	赵 超	
	32	古玉史话	卢兆荫	
	33	青铜器史话	曹淑芹	殷玮璋
	34	简牍史话	王子今	赵宠亮
	35	陶瓷史话	谢端琚	马文宽
	36	玻璃器史话	安家瑶	
	37	家具史话	李宗山	
	38	文房四宝史话	李雪梅	安久亮
制度、名物与史事沿革系列（20种）	39	中国早期国家史话	王 和	
	40	中华民族史话	陈琳国	陈 群
	41	官制史话	谢保成	
	42	宰相史话	刘晖春	
	43	监察史话	王 正	
	44	科举史话	李尚英	
	45	状元史话	宋元强	
	46	学校史话	樊克政	
	47	书院史话	樊克政	
	48	赋役制度史话	徐东升	
	49	军制史话	刘昭祥	王晓卫
	50	兵器史话	杨 毅	杨 泓
	51	名战史话	黄朴民	
	52	屯田史话	张印栋	
	53	商业史话	吴 慧	
	54	货币史话	刘精诚	李祖德
	55	宫廷政治史话	任士英	
	56	变法史话	王子今	
	57	和亲史话	宋 超	
	58	海疆开发史话	安 京	

系列名	序号	书名	作者		
交通与交流系列（13种）	59	丝绸之路史话	孟凡人		
	60	海上丝路史话	杜瑜		
	61	漕运史话	江太新	苏金玉	
	62	驿道史话	王子今		
	63	旅行史话	黄石林		
	64	航海史话	王杰	李宝民	王莉
	65	交通工具史话	郑若葵		
	66	中西交流史话	张国刚		
	67	满汉文化交流史话	定宜庄		
	68	汉藏文化交流史话	刘忠		
	69	蒙藏文化交流史话	丁守璞	杨恩洪	
	70	中日文化交流史话	冯佐哲		
	71	中国阿拉伯文化交流史话	宋岘		
思想学术系列（21种）	72	文明起源史话	杜金鹏	焦天龙	
	73	汉字史话	郭小武		
	74	天文学史话	冯时		
	75	地理学史话	杜瑜		
	76	儒家史话	孙开泰		
	77	法家史话	孙开泰		
	78	兵家史话	王晓卫		
	79	玄学史话	张齐明		
	80	道教史话	王卡		
	81	佛教史话	魏道儒		
	82	中国基督教史话	王美秀		
	83	民间信仰史话	侯杰		
	84	训诂学史话	周信炎		
	85	帛书史话	陈松长		
	86	四书五经史话	黄鸿春		

系列名	序号	书名	作者
思想学术系列（21种）	87	史学史话	谢保成
	88	哲学史话	谷 方
	89	方志史话	卫家雄
	90	考古学史话	朱乃诚
	91	物理学史话	王 冰
	92	地图史话	朱玲玲
文学艺术系列（8种）	93	书法史话	朱守道
	94	绘画史话	李福顺
	95	诗歌史话	陶文鹏
	96	散文史话	郑永晓
	97	音韵史话	张惠英
	98	戏曲史话	王卫民
	99	小说史话	周中明 吴家荣
	100	杂技史话	崔乐泉
社会风俗系列（13种）	101	宗族史话	冯尔康 阎爱民
	102	家庭史话	张国刚
	103	婚姻史话	张 涛 项永琴
	104	礼俗史话	王贵民
	105	节俗史话	韩养民 郭兴文
	106	饮食史话	王仁湘
	107	饮茶史话	王仁湘 杨焕新
	108	饮酒史话	袁立泽
	109	服饰史话	赵连赏
	110	体育史话	崔乐泉
	111	养生史话	罗时铭
	112	收藏史话	李雪梅
	113	丧葬史话	张捷夫

系列名	序号	书名	作者	
近代政治史系列（28种）	114	鸦片战争史话	朱谐汉	
	115	太平天国史话	张远鹏	
	116	洋务运动史话	丁贤俊	
	117	甲午战争史话	寇伟	
	118	戊戌维新运动史话	刘悦斌	
	119	义和团史话	卞修跃	
	120	辛亥革命史话	张海鹏	邓红洲
	121	五四运动史话	常丕军	
	122	北洋政府史话	潘荣	魏又行
	123	国民政府史话	郑则民	
	124	十年内战史话	贾维	
	125	中华苏维埃史话	温锐	刘强
	126	西安事变史话	李义彬	
	127	抗日战争史话	荣维木	
	128	陕甘宁边区政府史话	刘东社	刘全娥
	129	解放战争史话	汪朝光	
	130	革命根据地史话	马洪武	王明生
	131	中国人民解放军史话	荣维木	
	132	宪政史话	徐辉琪	傅建成
	133	工人运动史话	唐玉良	高爱娣
	134	农民运动史话	方之光	龚云
	135	青年运动史话	郭贵儒	
	136	妇女运动史话	刘红	刘光永
	137	土地改革史话	董志凯	陈廷煊
	138	买办史话	潘君祥	顾柏荣
	139	四大家族史话	江绍贞	
	140	汪伪政权史话	闻少华	
	141	伪满洲国史话	齐福霖	

系列名	序号	书名	作者
近代经济生活系列（17种）	142	人口史话	姜涛
	143	禁烟史话	王宏斌
	144	海关史话	陈霞飞　蔡渭洲
	145	铁路史话	龚云
	146	矿业史话	纪辛
	147	航运史话	张后铨
	148	邮政史话	修晓波
	149	金融史话	陈争平
	150	通货膨胀史话	郑起东
	151	外债史话	陈争平
	152	商会史话	虞和平
	153	农业改进史话	章楷
	154	民族工业发展史话	徐建生
	155	灾荒史话	刘仰东　夏明方
	156	流民史话	池子华
	157	秘密社会史话	刘才赋
	158	旗人史话	刘小萌
近代中外关系系列（13种）	159	西洋器物传入中国史话	隋元芬
	160	中外不平等条约史话	李育民
	161	开埠史话	杜语
	162	教案史话	夏春涛
	163	中英关系史话	孙庆
	164	中法关系史话	葛夫平
	165	中德关系史话	杜继东
	166	中日关系史话	王建朗
	167	中美关系史话	陶文钊
	168	中俄关系史话	薛衔天
	169	中苏关系史话	黄纪莲
	170	华侨史话	陈民　任贵祥
	171	华工史话	董丛林

系列名	序号	书名	作者
近代精神文化系列（18种）	172	政治思想史话	朱志敏
	173	伦理道德史话	马 勇
	174	启蒙思潮史话	彭平一
	175	三民主义史话	贺 渊
	176	社会主义思潮史话	张 武　张艳国　喻承久
	177	无政府主义思潮史话	汤庭芬
	178	教育史话	朱从兵
	179	大学史话	金以林
	180	留学史话	刘志强　张学继
	181	法制史话	李 力
	182	报刊史话	李仲明
	183	出版史话	刘俐娜
	184	科学技术史话	姜 超
	185	翻译史话	王晓丹
	186	美术史话	龚产兴
	187	音乐史话	梁茂春
	188	电影史话	孙立峰
	189	话剧史话	梁淑安
近代区域文化系列（一种）	190	北京史话	果鸿孝
	191	上海史话	马学强　宋钻友
	192	天津史话	罗澍伟
	193	广州史话	张 磊　张 苹
	194	武汉史话	皮明庥　郑自来
	195	重庆史话	隗瀛涛　沈松平
	196	新疆史话	王建民
	197	西藏史话	徐志民
	198	香港史话	刘蜀永
	199	澳门史话	邓开颂　陆晓敏　杨仁飞
	200	台湾史话	程朝云

《中国史话》主要编辑出版发行人

总 策 划	谢寿光　王　正
执行策划	杨　群　徐思彦　宋月华
	梁艳玲　刘晖春　张国春
统　　筹	黄　丹　宋淑洁
设计总监	孙元明
市场推广	蔡继辉　刘德顺　李丽丽
责任印制	郭　妍　岳　阳